〔編集〕広瀬和雄・小路田泰直

弥生時代千年の問い

古代観の大転換—

ゆまに書房

刊行にあたって

五月二〇日（火）の『朝日新聞』朝刊に「稲作伝来、五〇〇年早まる」「弥生の始まり、紀元前約一〇〇〇年」「古代史の大幅修正も」といった見出しが躍り、次のような記事がのった。

国立歴史民俗博物館（千葉県佐倉市）は一九日、水田稲作が日本に伝わり弥生時代が幕を開けたのは定説より約五〇〇年早い紀元前一〇〇〇年ころ、と特定する研究を発表した。北部九州から出土した土器などから採取した試料を最新の放射性炭素（C一四）年代測定法で分析し、結論づけた。この結果に基づくと、日本の古代史は大幅な修正を迫られる。考古学界には慎重論があり、教科書の書き換えなどをめぐっても論議が起こるのは必至だ。

衝撃的な事実なだけに、「慎重論」があるのはわかるが、私は率直に言ってようやくここまできたかと思った。考古学的な発掘が進めば進むほど、未開・野蛮であったはずの古代のイメージがどんどん文明イメージに塗り替えられていくのは、別に今回に始まったことではない。もう大分前になるが、青森県三内丸山遺跡が発見されたとき、自給自足の社会であるはずの縄文時代の社会が、都市といってもおかしくないほどの大規模集落を持ち、交易を行い、農耕を行っていた、相当に進んだ社会であったことが明らかになった。「縄文文明」といった言葉さえ、それをきっかけに普通に――一部には政治的な意味をもたされて――流通するようになった。古墳の発生期もどんどん早くなってきた。

そういった発見史の流れがあって、今回はこういう発見に立ち至ったというのが、私の感想である。だから「慎重論」は相当に根強いと思うが、今回もまた発見された事実はたちまち常識化していくだろうと思う。

ただ、門外漢として私が疑問に思うのは、今回の発見も含めて、画期的な考古学的発見が相次いでいるのにもかかわらず、それを歴史観の問題として深刻に受け止める古代史家が意外に少ないことである。なぜこのような発見に呼応して、直ちに歴史観のあり方を問う論争が起こらないのか、それが私には不思議である。

例えば今回の発見で言えば、律令制国家の完成期である奈良時代の前に、一八〇〇年近くにわたる文明の歴史が、この列島にも――少なくともその一部に――存在したことになる。農耕の時代を文明の時代と等値に置けばの話だが。それ以降の一二〇〇年よりも長いのである。にもかかわらず、奈良時代以前の歴史を、律令制国家の形成に向けて一方向的に進む、その単なる前史のように取り扱うのは、いかにも面白くない。奈良時代以降の歴史に多くの段階と断絶があるように、奈良時代以前の歴史にも多くの段階と断絶があってもいいはずである。なぜそういったことが論争の俎上にのぼらないのか、それが私には不思議である。

確かに最近、歴史観というのは、現代人が現代人のために描く過去についての物語（幻想）に過ぎないという意見が広がって、あらゆる歴史観を事実無根の現代思想のようにみなす人が増えているが、古代史家までがそういう考え方に染まってしまったのだろうか。そうであればわかる。歴史上の事実と歴史観の間には、実は何の関係もないのだから、事実認識が変化しても歴史観の変更をもってそれに応える必要はない。だが、まさか古代史家の大半がそういった「言語論的転回以降」の「新思想」に染まってしまったとは、考えられない。むしろそういった風潮を、冷笑をもって傍観しているのが古代史家ではないのか。ならば、やはり不思議である。これだけ事実認識に革命的な変化がおきていながら、それを歴史観の大転換につなげようとしないことが。

しかし考えてみれば、何事につけ人に頼るのはよくない。また今回発見されたような事実によってその歴史観をゆすぶられているのは、何も古代史家に限ったことではない。我々のような近代史研究者にとっても事態は同様に深刻だ。この国の近代史が、神話的言説によってどれだけ深く覆われ、禍されてきたかを考えてみるだけでそれはわかる。

そこで、今回の発見に刺激されて、我々はいったい何を考えるべきなのか、時代分野を越えて率直に話し合ってみたいと思って企画したのが、このシンポジウムである。シンポジウムは七月六日大阪市内で行われた。論点は多岐にわたるが、古代観をめぐる「大論争」の着火剤の役割でもはたせればと思って、その記録を刊行し、世に問うことにした。なお報告については、報告者に改めて論文として書き直していただいたので、それを冒頭に掲載し、その後に討論と、参加者のコメントを附することとした。

ところで私は、この間、広瀬和雄と共編という形で、『日本古代王権の成立』（青木書店、二〇〇二年）と『古代王権の空間支配』（青木書店、二〇〇三年）と題する、古代史にかかわる二冊の本（何れもシンポジウムの記録）を世に贈ってきた。弥生時代に都市がある、古墳時代に国家があるといった、広瀬の意表をつく問題提起に、強く惹かれるものがあったからだ。往々にして自給自足的で共同体的な社会とみられることの多い弥生時代や縄文時代の社会を、そうはみない広瀬に共鳴する所が多かったし、人が、我々の普通言うところの歴史を刻み始める前に、人はすでに人間になっていた——人類史を始めていた——ということを視野に入れた歴史を、自分も構築してみたいと思ったからである。というとおこがましいので言い直すが、その構築作業に少しでも加担してみたいと思ったからである。

そうした我々自身の前史もあって、今回、このような出版を企てた。できればその蓄積してきた方向性の当否も含めて、率直な御批判を賜れば幸いである。

なお討論中の山中章氏と若井敏明氏の発言についてはコメントという形で補足していただいた。また巻末には議論をわかりやすくするために、年表と関連遺跡の概説を付した。参考にしていただければと思う。なお遺跡概説の作成にあたっては奈良女子大学大学院の宮元香織さんと矢持久民枝さんの御協力を得た。記して感謝の意を表しておきたい。

二〇〇三年八月

小路田　泰直

目次

目次

刊行にあたって……小路田 泰直……1
報告……9
弥生時代開始期の遡及に関する諸問題……禰冝田 佳男……11
新しい弥生開始年代のもたらすもの
——歴史観の変換をめざして——……広瀬 和雄……31
日本古代史に関する覚書——未開・文明・国家——……西谷地 晴美……49

古代観をめぐる闘争……小路田　泰直……73
紀元前千年と紀元前五〇〇年の画期性
水田稲作の歴史的役割
縄文と弥生の違い
「墓」と「階層」の時代という歴史段階
「古代＝律令制国家の時代」史観への疑問
再び縄文と弥生の違いについて
水田稲作社会の景観
戦後古代史学の問題点
『古事記』『日本書記』の読み方
津田左右吉の評価をめぐって
「前方後円墳国家」の位置
日本という国家の形成のされ方 ―「征服」の位置付け―
歴史を記憶することと書くこと
古代史学の今後に向けて
全体討論……97

コメント……167
律令国家形成前段階研究の一視点
——部民制の成立と参河湾三島の海部——……山中　章……169
大和政権の地域支配……若井敏明……183
年表……200
関連遺跡の概説……201
編集後記……小路田泰直……205

報告

弥生時代開始期の遡及に関する諸問題

禰冝田　佳男

はじめに

今日は、国立歴史民俗博物館が発表したように弥生時代の開始が五〇〇年遡った場合、これまで考えられてきた弥生時代像はどうなるのか、ということについてお話しさせていただきます。本題に入る前に、考古学研究の進展に埋蔵文化財保護行政は大きく寄与してきました。今回分析された資料も、行政による調査成果が活用されています。本題と直接関係はないわけですが、今後も、考古学と埋蔵文化財保護行政は切っても切り離せない関係にあると思われますので、埋蔵文化財保護行政の現状、さらには行政と考古学との関係について、最初にお話しさせていただいてから、本論に入っていきます。

I　埋蔵文化財保護行政のあゆみと考古学

埋蔵文化財保護行政のあゆみ

行政による文化財の保護は明治時代に始まります。その歴史を私は全体で五期に分けていますが、今日の発表はそれが目的ではありません。終戦直後に文化財保護法が施行され、やがて埋蔵文化財の保護の制度も確立します。その後、東京オリンピック開催に伴う交通網の整備をはじめ大規模な開発事業が計画され、それに先立つ記録保存のための発掘調査が、列島のいたる所で実施されるようになりました。記録保存というのは、開発によって周知の埋蔵文化財包蔵地すなわち遺跡が壊されてしまう場合、開発に先立ち発掘調査を実施し、そこにあった遺跡の内容を記録し後世に伝えていくことを言います。当初、大学がその調査をおこなうこともありましたが、一九七〇年頃からは行政が担うようになりました。今日は、その一九七〇年以降の歩みを三期にわけて簡単に振り返ります。

第I期は一九七〇年から一九九〇年頃までで、記録保存の発掘調査への対応に終始していた時期です。高度成長期にあたり、全国各地でさまざまな開発がおこなわれるようになりました。記録保存の発掘調査に従事するため、全国の自治体、あるいは自治体の外郭団体として組織された財団法人の調査機関に専門職員が増えていったのです。グラフ1を見ていただきます。これは全国の自治体に協力をいただいて、文化庁が毎年作っている埋蔵文化財に関する統計資料のデーターです。一九七〇年には全国で一三一人だった専門職員が一九九〇年には四三

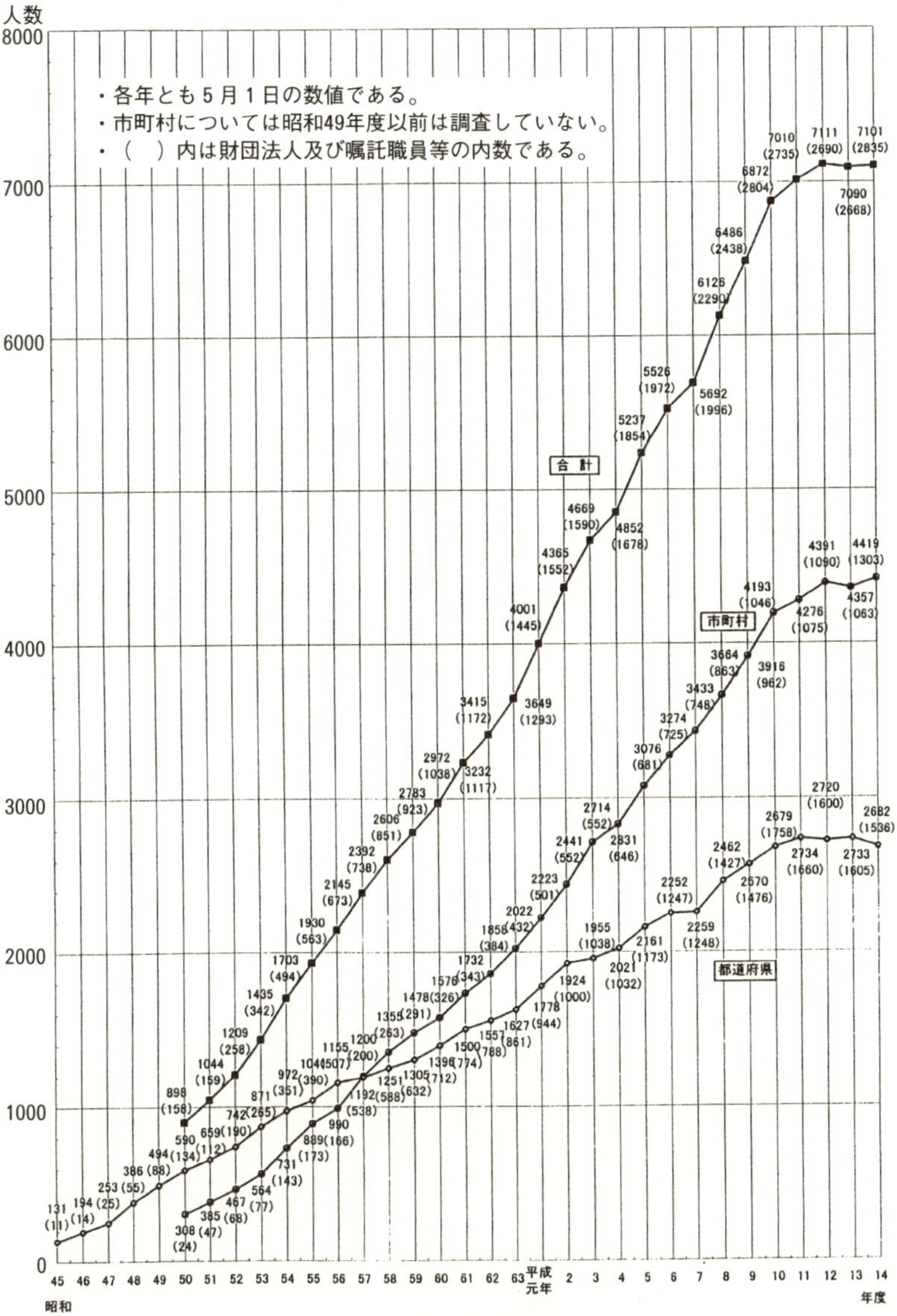

グラフ１．埋蔵文化財担当専門職員数の推移図

（文化庁文化財部記念物課、2002年『埋蔵文化財関係統計資料』）

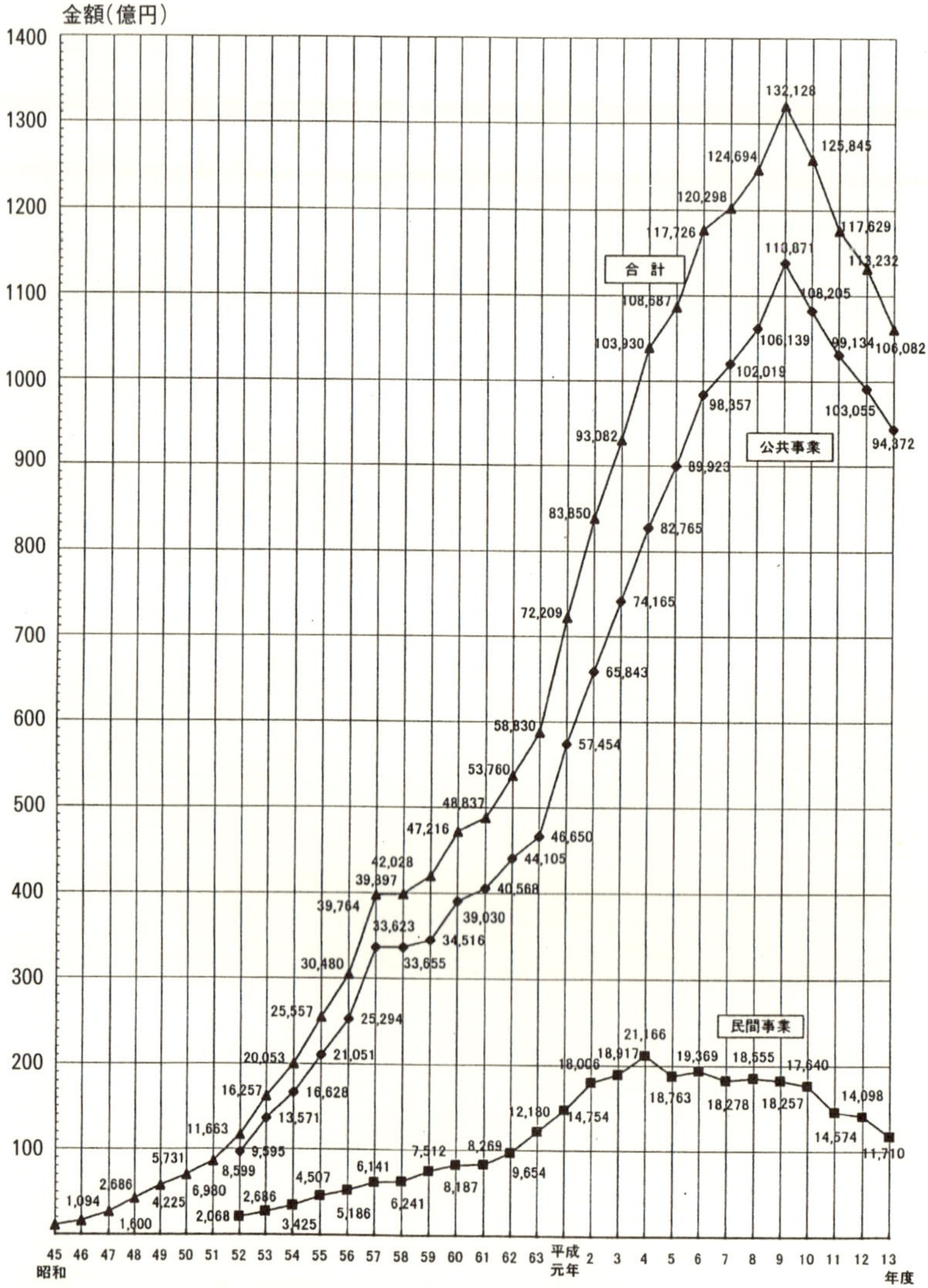

※グラフに用いた数値は事業原因者別に集計したものである。
※平成8年まで国庫補助事業を含まないが、平成9年度以降については国庫補助事業分を含む。
※グラフに付した金額は百万円単位である。

グラフ2．緊急発掘調査費用の推移図

（文化庁文化財部記念物課、2002年『埋蔵文化財関係統計資料』）

〇〇人あまりに達しています。次にグラフ2を見ていただきたいのですが、発掘調査にかかる経費も一九七〇年には一〇億ほどだったのが一九九〇年には八〇〇億を越え、まさにうなぎのぼりの状態でした。しかし、まだ体制等が十分でなかったこともあり、発掘調査は実施したものの、その成果が報告書として刊行されていないものがかなりあります。このことは大きな問題であり、こうした資料を公表していくことは今後の課題です。

第Ⅱ期が一九九〇年から二〇〇〇年頃までで、埋蔵文化財が町づくりの一翼を担うようになった段階です。きっかけとなったのが、佐賀県の吉野ヶ里遺跡や青森県三内丸山遺跡だと言えましょう。開発事業に先立ち発掘調査を始めたところ、行政全体がその調査成果の重要性に鑑み開発計画を変更し、遺跡を保存して史跡として整備したのです。もちろん、第Ⅰ期でも開発計画を中止し、史跡に指定したケースもありました。この段階になって、遺跡を町づくりの核とする自治体が全国の多くで認められるようになってきたのです。このようになったのは、第Ⅰ期の経験があり、全国で史跡等の重要性が認識された結果だと言えましょう。

そして第Ⅲ期が二〇〇〇年以降の現在です。開発事業が減り、それに先立つ発掘調査も減少し、埋蔵文化財保護行政は大きな転換期に立たされていると言えます。もう一度グラフ2をごらんください。右肩上がりだった発掘調査費は一九九七年の一三〇〇億円をピークに減少しています。バブルの崩壊により、発掘調査費が急激に減少している現状を、おわかりになっていただけるかと思います。またグラフ1にもどっていただくと、専門職員も二〇〇〇年からほぼ横這いになってきています。開発との調整に追われていた埋蔵文化財保護行政にとっては、経験したことのない事態に遭遇していることになります。遺跡が壊れないと言うのは埋蔵文化財保護行政にとっては望ましいことです。自治体によって置かれた立場は違いますが、これまでは、必ずしも十分にできなかった埋蔵文化財の保護をさまざまな形で進めるチャンスがきていると言えましょう。今の状況を、うまく利用していきたいと考えているところです。

現在、史跡の整備を進めたり、史跡を目指した確認調査を実施する自治体が増えてきています。埋蔵文化財保護行政に携わる者としては、ひとつでも多くの埋蔵文化財を国や地域の財産として、我々の世代、そして我々の子孫に残していきたいと思っている次第です。

考古学と埋蔵文化財保護行政

さて、この三〇年あまりの全国の自治体による発掘調査の成果は、めざましいものがあります。去る三月に、永原慶二先生が『二〇世紀日本の歴史学』（永原慶二『二〇世紀日本の歴史学』吉川弘文館、二〇〇三）を刊行されました。その中で、考古学は歴史学の補助学であったのが、三内丸山遺跡、吉野ヶ里遺跡や古代官衙遺跡の調査によって文献史学とならぶ古代史研究の両輪となっているということ、中世史において朝倉一乗谷遺跡や草戸千軒遺跡などの調査は日本中世史研究に新たな地平を切り拓いたということを述べておられます。考古学をやっている者としては非常にありがたい評価ですが、その言葉にあぐらをかいていてはいけないとも思うのです。

まず、埋蔵文化財保護行政と考古学の関係を述べておきます。埋蔵文化財保護行政のなかでも根幹のひとつが発掘調査ですが、行政が行政措置として実施するわけですから、その先にあるのは、まず地域住民であり国民だということです。結果として考古学に寄与することはありますが、第一義的な目的ではないということです。しかしその一方、遺跡の取り扱い等の行政判断に学界の動向は不可欠です。また、発掘調査は考古学の手法を使うわけですから、発掘から報告書刊行までは考古学の知識をフルに使って実施しなければなりません。われわれ専門職員は、できうる限り学界の動向に精通しておく必要があるということです。

そのようななか、今日は考古学との関わりで三つのことを指摘しておきます。一つは発掘調査報告書についてです。行政が刊行する発掘調査報告書にはいくつかの側面がありますが、学術的な点からすると、発掘調査の事実を記載することと、その成果を地域やわが国の歴史の中に位置づけることが必要です。国民は発掘調査の成果を発掘調査報告書から知ることになります。また発掘調査報告書は、埋蔵文化財の記録として永く後世に伝えていく役目ももっています。ですから、まずそうした報告書を刊行することが必要だということです。例えば、「縄文都市」、「弥生都市」が議論となりました。都市の問題は歴史学界全体に関わる重要なテーマでありますが、その是非を検証できる基礎的データーの提示は不可欠です。文献史学であれば分析する基礎資料である史料にあたるのが発掘調査報告書ですから、そうした報告書の刊行があってはじめて議論ができることになります。そして、こうした発掘調査報告書は、結果として考古学に対しても大きく寄与することになるわけです。

ところで、最近見かける報告書の中には、膨大な事実記載があっても調査の意義などが書かれていないものがある一方で、遺跡の評価とは直接関係のない論文を掲載しているものがあります。行政という枠を考えたとき、適切な発掘調査報告書の形があるはずで、そうした報告書を刊行していく必要があると思っています。

次に、発掘調査の成果を位置付ける試みについてです。日本の考古学、あるいは歴史学の進歩に、行政による発掘調査が果たした役割はきわめて大きかったと言えます。行政が主体となって発掘調査をすすめてきた日本の埋蔵文化財保護行政は世界的に見ても非常に充実しています。そこには、発掘調査が開発者さらには国民の理解があっておこなわれているということを忘れてはならないと思います。だから、広瀬さんも指摘されていますが、これまでの調査によって、地域史、あるいは日本史のなかで何がわかって、何が課題なのかを十分に説明していく必要があると思っています。

行政の専門職員は、まず自らの自治体の所属する地域の歴史を語ることが必要です、もちろん、それだけでなく地域を越えた広い観点からそれぞれの地域史を俯瞰したり、列島全体を視野に入れた研究をすすめることも必要です。国の史跡などを抱えたり、これから抱えようとしているところでは、その意義づけをする際、全国的視野に立った検討は不可欠でしょう。さまざまな観点から、地域史、日本史を明らかにすることが、我々の大きな責務だと思うのです。では、おまえはちゃんとやってきたかと言われそうですが、自戒の意味をこめてお話ししました。開発が減ってきた今がそのチャンスだと思います。

最後は今後のことについてです。埋蔵文化財保護行政は、これからも今のような体制でやっていかねばならないと考えています。その際、研究機関との協業、他の研究分野との協業をさらに模索することが必要です。自然科学的分析などはすでにやっていますし、今回の成果もその一環です。そうしたことをおこなえば、さらに豊かな歴史像というものを地域住民、国民に示すことができるはずです。今回の新しい年代観は非常にショッキングなことではありますが、これをきっかけに、議論が活発になることはいいことだと思っています。

埋蔵文化財保護行政と考古学はきっても切り離せない関係にあります。行政が適切に発掘調査を実施し、その成果を適切な形で公表していく、この当たり前のことは実際には難しい面もあるわけですが、それを繰り返していけば、自ずと考古学のさらなる発展にも寄与できるだろうと思います。

Ⅱ　新たな年代観に関して

では、弥生早期が紀元前一〇〇〇年に始まったとすれば、どのようなことが問題になるかを考えていきますが、最初に事実関係を確認しておきます。今回の国立歴史民俗博物館の発表は、弥生時代の年代測定に、ＡＭＳ（加速器質量分析法）による放射線炭素年代法を応用した結果が提示されたものです。それによると弥生時代前期が紀元前九〇〇から八〇〇年の間、弥生早期が紀元前一〇〇〇年頃に始まるというものです。これまでの年代観だと、弥生前期の開始が紀元前三〇〇年頃、弥生早期が紀元前四〇〇年から五〇〇年の間だったわけですから、弥生時代は五〇〇年ほど遡ったことになるわけです。弥生時代の時間幅も、早期を認めない立場では六〇〇年間であったのが倍近い一一〇〇年間、早期を認める場合には七〇〇年間であったのが一二五〇年間ということになります。

さらに、確認しておきたいことがあります。今回の分析で年代が遡るようになったのは、弥生時代中期中葉以前についてだということです。弥生時代の実年代は、製作年代のわかる資料と弥生時代のどの土器とが共伴しているかによって決めてきました。弥生時代中期後半の甕棺墓からは中国前漢の鏡が出土します。福岡県の三雲遺跡や立岩遺跡など数多くの事例が知られているのです。そして後期の甕棺墓には後漢の鏡が出土します。このことから、後期は紀元一世紀、中期後半は紀元前一世紀にそれぞれ定点があり、実年代が決められてきましたが、こちらの方の年代が変わったのではありません。動いたのはそれ以前の年代です。日本で出土する中期中葉以前に出てくる朝鮮半島系のもので製作年代の明らかなものはありません。中国で実年代のわかる資料などをもとに、韓国の資料との共伴関係から、その年代を決めてきたわけですが、その中期中葉以前の年代が古くなったのです。

この年代測定結果が出た後、新聞のなかには前期旧石器捏造事件とだぶらせたのでしょうが、考古学はいいかげんな学問だというような意味のことを書きました。予想はしていましたが考古学のことを知らない考えであり、少なくとも新聞が書くことではないでしょう。しかし、こうした考え方があるということは、真摯に受け止めることも必要だと思います。

それにしても、この年代を聞いたときには、本当に驚きました。本当にそうなるのだろうかという思いもあります。しかし、この方法が世界で一般的に用いられている手法だという説明を受けると、この結論は重く受け止めなければならないとも思います。私自身、弥生前期頃の実年代の比定を自ら研究としてやってこなかったこともあり、今どうこう言える立場にはないのですが、年輪年代でも実年代が遡っていることを踏まえると、弥生早期の開始が紀元前一〇〇〇年まで遡るかどうかは別にして、弥生時代前半期の年代が古くなる可能性は十分あるんだろうと思っています。いま言えることは、考古学とはまったく違った手法で出てきた研究成果ですが、まず冷静に受け止める必要があるということです。今後、分析資料資料の数を増やすとともに、中国や韓国に関係資料の分析を進めることが肝要でしょう。一方、考古学の側からも、紀元前一〇〇〇年まで遡るとどうなるのかという視点で、これまでの資料を再度検討し直す必要があると思います。たとえば、土器の一型式の年代幅が非常に長くなってしまうことについては、即座に答えが出てくるとは考えにくいわけでありますが、その視点で見直すことは必要です。そして、もしそうなった場合、弥生時代像は大きく変わることになります。そうした視点からの整理もしなくてはならず、後者についてを、次に述べます。

Ⅲ　弥生時代の開始期が遡及した場合の諸問題

ようやく本題にたどり着きました。弥生時代の開始期が紀元前一〇〇〇年になった場合、これまで考えられてきたことはどうなるのか、あるいは、新たな年代観であっても、考え方をかえれば問題はないのか、さまざまなことが問題となってくると思われます。そのへんのところを思いつくままに取り上げていきます。

水田稲作受容の契機

これまで水田稲作の伝播の契機に関しては、東アジア世界における動乱、具体的には遼東方面における燕の政治勢力の進出による民族移動の余波が及んだという考え方をはじめ、朝鮮半島内部での武力抗争があって、そのため一部の人びとが北部九州に移住してきたと考えられてきました。一方、縄文社会においては、採集経済そのものに限界があり、その矛盾が顕在化してきた状態のところに水田稲作の技術が伝播してきたため受容したとされてきました。

弥生時代の開始年代が紀元前一〇〇〇年になった場合も、東アジア世界では殷末周初の動乱期なので、人びとが広範囲に移動してもおかしくはない時期だと言われています。今後は、そうした視点での検討がなされることと思われますが、水田稲作伝播の契機を東アジア世界における政治的要因に求める意見も成り立たないことはない、ということです。

これに対して、私は縄文時代の人びとが水田稲作を受容しなければならなかったのは、環境の悪化、気候の寒冷化により採集経済も悪化していたことが受容の要因ではなかったかと考えています。海水準変動の分析によると、今から三〇〇〇年ほど前にも海水準が低下するようです（福沢仁之「稲作の拡大と気候変動」『季刊考古学』五六　雄山閣出版、一九九六）。水田稲作の受容が五〇〇年遡った場合でも、寒冷化の時期にあたっているのは興味深いと思っています。この件については、自然科学の分野の方々との共同研究で深めることができないかと思っています。いずれにしても水田稲作の伝播に関しては、大陸からの渡来の契機と、列島の人々がそれを受容した契機を分けて、検討をしてみる必要があります。

「弥生革命」

弥生時代の始まりを、「弥生革命」と呼ぶ意見があります（春成秀爾『弥生時代の始まり』東京大学出版会、一九九〇）。春成秀爾先生がおっしゃっているわけですが、従来弥生前期とされていた段階よりもさらに古い時期に、弥生時代を特徴づけるものが入ってきていることから、この段階を弥生早期として画期を認めたのであります。具体的には、第一に水田稲作が始まったこと。二つめにそれに伴い新しい道具、クワやスキといった木製農具、石包丁や農具を作る道具として新たな磨製石斧、磨製の武器類など各種石器、そして問題になっていますが金属器がこの時期に出現したこと。このほか、環濠集落という新たな集落形態も入ってきましたし、墓制に支石墓という新たな葬送形態がもたらされたこともあげられます。

こうした新たな要素は、比較的短期間のうちに、具体的には前期末ころ、列島全域に定着していったと考えられてきました。短期間といっても、弥生早期からだと二〇〇年やそこらはかかっていたわけですが、新たな年代観だと、四〇〇年、五〇〇年の話しになります。弥生早期に新たな文化が伝わってきたわけですが、この段階でどの程度社会が変化したと言えるのかどうか、ということが改めて問題になってくるでしょう。

水田稲作の受容

次に、水田稲作が社会において果たした役割について考えていきます。水田稲作の受容については、石器組成が変化したことが大きかったんだと思いますが、移行はスムーズにいったとみられてきました。表1をごらんください。これは、縄文後期から弥生中期までの遺跡で、各種石器がどの程度の頻度で出土したかを表にまとめたものです。頻度は七五パーセント以上の遺跡で出てくれば〇、二五パーセント以上七五パーセント未満の遺跡で確認されれば△、二五パーセント未満の遺跡でしか確認されない場合は×になっています。たとえば、北九州の弥生早期の磨製石包丁は〇です。四遺跡中すべての遺跡で磨製石包丁が出土しているので、〇になっているわけです。なお、北九州としたのは福岡・佐賀・長崎の遺跡を集計したためで、北部九州とは違います。

そこで、縄文後・晩期と弥生早期の石器組成を見ていきます。弥生時代に新たにもたらされた大陸系磨製石器、具体的には磨製石鏃、磨製石包丁、磨製石斧などですが、北九州の弥生早期においては、基本的に〇となります。弥生早期に新たな石器を受容したわけですが、こうした統計処理から言えることは、多くの遺跡において大陸系磨製石器をセットで受容したということです。したがいまして、磨製石包丁をもつ集落、そうではない集落が並

	機能	主要器種	北九州	瀬戸内	中近畿
縄文後・晩期	狩猟具・武器	打製石鏃	○	○	○
		磨製石鏃	×	×	×
		大型石製武器	△	×	△
	漁労具	石錘	△	○	△
	土掘具	打製石斧など	○	○	×
	除草具	大型直縁刃石器	×	×	×
	収穫具	打製石包丁	△	△	×
		磨製石包丁	×	×	×
		打製石鎌・磨製石鎌	×	×	×
	調理具	石皿・磨石など	○	○	○
	伐採・加工具	太型蛤刃石斧	×	×	×
		両刃磨製石斧	○	△	△
		柱状片刃石斧	×	×	×
		扁平片刃石斧	×	×	×
	加工具1	各種打製石器	○	○	○
	加工具2	砥石・台石など	△	△	○
	紡織具	石製紡錘車	×	×	×
	祭祀具	石棒・石剣・石刀・独鈷石	△	△	△
	遺跡数		13	8	7
弥生早期	狩猟具・武器	打製石鏃	○	○	○
		磨製石鏃	○	×	×
		大型石製武器	○	×	△
	漁労具	石錘	○	△	△
	土掘具	打製石斧など	○	△	△
	除草具	大型直縁刃石器	×	×	×
	収穫具	打製石包丁	×	×	×
		磨製石包丁	○	×	△
		打製石鎌・磨製石鎌	×	×	×
	調理具	石皿・磨石など	○	△	△
	伐採・加工具	太型蛤刃石斧	○	×	△
		両刃磨製石斧	△	△	×
		柱状片刃石斧	○	×	×
		扁平片刃石斧	○	×	×
	加工具1	各種打製石器	○	○	○
	加工具2	砥石・台石など	○	×	△
	紡織具	石製紡錘車	×	×	×
	祭祀具	石棒・石剣・石刀・独鈷石	×	×	△
	遺跡数		4	2	2
弥生前期	狩猟具・武器	打製石鏃	○	○	○
		磨製石鏃	○	×	×
		大型石製武器	○	○	△
	漁労具	石錘	△	×	△
	土掘具	打製石斧など	×	○	×
	除草具	大型直縁刃石器	×	×	△
	収穫具	打製石包丁	×	×	×
		磨製石包丁	○	×	△
		打製石鎌・磨製石鎌	△	×	×
	調理具	石皿・磨石など	○	○	△
	伐採・加工具	太型蛤刃石斧	○	×	△
		両刃磨製石斧	△	○	×
		柱状片刃石斧	○	×	×
		扁平片刃石斧	○	×	△
	加工具1	各種打製石器	○	○	○
	加工具2	砥石・台石など	○	○	△
	紡織具	石製紡錘車	○	○	×
	祭祀具	石棒・石剣・石刀・独鈷石	×	×	△
	遺跡数		8	1	8

○75％以上の遺跡で出土　△25％以上75％未満の遺跡で出土　×25％未満の遺跡で出土

表1　各期の地域別石器組成

存したという状態ではなかったわけです。一方、縄文以来の石器である土掘り具は弥生早期までは高い比率で出土しますが、前期になると出土しない遺跡がでてきます。こうした石器組成からみましても、水田稲作は弥生早期の時点で受容され、順調に定着していたと考えてきたわけです。

水田稲作には社会を変えるようなシステムがあったと考えられています。このことは広瀬さんが強調しておられることで、私もそう捉えてきました。ところが、水田稲作は受容しても、社会が変わっていくのに、従来想定していた以上に時間がかかったことになります。

ということは、弥生早期から前期の間というのは、水田稲作を受容したものの、生業に占める割合はかなり低かったのだと考えざるを得なくなることになります。実際、多くの水田跡が見つかってくるのは前期末以降です。環境の悪化が水田稲作受容の要因だとすれば、生活の糧を獲得するための危険分散の一手段として水田稲作を受容したということで説明はつきます。ただし、その場合に問題になるのは、水田稲作はその水田の維持など一年のうちのかなりの部分をそれに費やすことになる点、すなわち片手間にはできないという点であります。ですから、労働に占める割合として水田稲作は決して低くはなく、生活のスタイルも変わったが、生業に占める比率は必ずしも高くはなかったという状況を想定したいと思うのです。今回提示した見方が正しいかどうかは、個々の遺跡のあり方からの検討が必要でしょう。北部九州以外の地域では、違う受容形態があったかも知れません。いずれにしても、ここで言えることは、初期の水田稲作のあり方に、新たな見方が必要だということです。

前期末の画期

弥生早期に水田稲作をはじめとする、新しい文化や生活スタイルが伝わってきました。しかし、社会の構造が変化し始めたのは前期末です。北部九州では集落の数が増えるとともに、その立地も拡散していきます。墓には首長墓が出現します。水田の検出もこの時期以降に顕著になります。モノでいいますと、細形銅剣、銅戈、銅矛といった青銅器や朝鮮系無紋土器などが認められるようになります。青銅器生産もほどなく開始されるなど社会は大きく変わりました。こうした変化は、北部九州だけではなく、列島の広い範囲で認められます。そして、水田稲作については青森県の砂沢遺跡にまで及んだわけです。おそらく、水田稲作のあり方も、この時期以降は大きく変わったと思われます。

北部九州における弥生前期末の変化の背景には、新たな文化を携えた渡来人がやってきたことが想定され、この時期はこれまでからも弥生社会において大きな画期と捉えられてきました。弥生早期・前期の時間幅が長くなった場合、この時期の変化というものはさらに大きく評価されるべきだと思います。以前は、水田稲作の展開がそれなりにあって、そこに新たな文化の伝播があったと考えられていましたが、その基盤がそれほど成長していないにもかかわらず社会が大きく変化したということを想定せざるを得ないことになるからです。

しかも、興味深いのは、その年代が紀元前五〇〇〜四〇〇年頃だという点です。従来の弥生早期の年代にあたってきます。先ほど、これまでの水田稲作受容の契機は東アジア世界の動乱の影響を受けたためだという考え方を紹介しました。新しい年代では弥生前期末がちょうど戦国時代の前後に相当してきます。列島が政治的に成熟していくのが前期末以降であることを考えると、この時期に新たな文化要素や政治的関係が入ってくることと東アジア世界の動乱とは無関係ではなく、むしろ、積極的に評価した方が、その後弥生社会の展開が理解しやすくなる、とも思うのです。

弥生文化の成立を考える際、弥生早期に第一の画期、弥生前期末に第二の画期を認めてきました。弥生時代早期・前期の時間幅が長くなると、第二の画期の果たした役割が、これまで以上に大きかったと考えることが必要になるわけです。

鉄器の問題

弥生時代の開始年代が遡るとなると、福岡県の曲り田遺跡の鉄器が、中国でもほとんど出土がない時代になってくるということで、問題になっています。近年広島大学の川越哲志先生が中心となって集成した『弥生時代鉄器総覧』では、弥生早期が一遺跡一点で、これが曲り田遺跡一六号住居址の埋土から出土した板状鉄斧のことです。弥生前期には五遺跡六点あまりが確認されています。内訳は前期前半二遺跡、後半二遺跡、前期の範疇のもの一遺跡です。前期前半では、曲り田遺跡一一号甕棺から針金状のものが検出されているのと、吉野ヶ里遺跡でも甕棺墓から環状鉄製品、竪穴住居跡から板状鉄斧が確認されています。その後になりますと、中期初頭が一〇遺跡一四点、中期前半一七遺跡三四点と、中期初頭頃から増えていることが指摘できます。鉄器においても、前期末より少し遅れますが中期初頭に出土が増加している点に注目しておきたいと思います。

では、曲り田の弥生早期の鉄器はどうなんだということですが、発掘調査の段階で出土状態については詳細に検討された結果でしょうから、出土状況については尊重したいと思います。しかし、中国では西周後期の頃で、鉄器はあるにしても、ごく限られた人しか持てない段階だと言われています。普通に考えると、列島に鉄があったということは大きな問題です。そのなかで、今後どうなっていくのか。正直のところ、今は何も言えません。ただし、中期初頭が紀元前五〜四世紀ということになると、ちょうど戦国時代後期にあたり、中国でも鉄器が普及してきた時期に相当します。従来、この段階が早期と捉えられていたわけですが、新しい年代観の中期初頭に列島の鉄器が増加している点は興味深いと思います。

「古代化の早さ」

日本列島は、世界史的にみた場合、古代化が早かったということが大きな特徴だという考え方があります。これは、昨年に亡くなられました、佐原眞先生が提起された説であります。どういう考えかと申しますと、西アジアや中国では農耕の開始から王墓の出現まで何千年もかかっているのに、日本の場合、本格的な農耕開始の開始、言い換えると弥生時代の始まりから王墓の出現、すなわち前方後円墳の出現までがきわめて短期間であったというものであります。この変化は、明治維新による近代化に匹敵する大きな変化であり、弥生時代の米・鉄の蓄えや利用のあり方は予想以上に大きいものであったと考えたのです（佐原眞「王墓にみる世界と日本」『週刊朝日百科　日本の歴史』四三　一九八七）。これまで、弥生時代は六〇〇年とか七〇〇年程度と考えられてきました。今回の年代観が適用されると一二五〇年程度ということになります。それでも、ほかの国に比べると早かったことにはなりますが、佐原先生がお考えになっていた時とは状況は異なってきます。前期末以降の社会の発展が非常に急速であったことを指摘したところですが、古代化の問題については、列島における農耕の始まりをどこからとるかということとも関わってきます。すなわち、稲作が確実に始まった縄文後期、水田稲作が伝播してきた弥生早期、水田稲作が急速に浸透した弥生前期末が候補になってくると思われます。この問題も、先ほどの水田稲作、あるいは稲作のあり方と関わることであり、改めて検討が必要です。

おわりに

今日の発表は、国立歴史民俗博物館が発表した年代観について、評価しませんでしたし、弥生早期の鉄器についてもコメントしませんでした。このふたつについては、私自身の宿題だと思っています。そのような中、年代が正しいとすれば、ということでいくつかの項目について考えてきたわけです。十分な検討はできなかったわけですが、水田稲作の意味、さらには前期末の画期がこれまでとは異なってくること、つまり、弥生早期から前期までの水田稲作のあり方と、弥生前期末以降では違っており、弥生前期末がこれまでよりも大きな画期になるということをお話しさせていただきました。今後、さらなる検証をしていきたいと思っています。

最後に、今回の報道をきっかけに考えていることをお話して終わりにさせていただきます。文化庁では、「発掘された日本列島」という展示会を主催しております。今年も全国で七館を巡回することになっています。国立歴史民俗博物館の発表が開会直前だったので、この件についても弥生時代のところに追加でパネルを作りました。江戸東京博物館の会場では、私自身が質問を受けましたし、パネルをじっと読んでいる人の姿を少なからず見かけました。国民の関心が高いことを実感しました。博物館・資料館では、すでに何らかの形で対応しているところもあろうかと思います。あれだけ大きな報道でしたし、その後も新聞のコラム等に取り上げられているわけですから、今後、現地説明会で弥生時代のことを扱う時などは、避けて通ることはできないでしょう。我々埋蔵文化財保護行政に関わる専門職員は、今回は弥生時代の開始年代ですが、考古学界に関わるさまざまなことがらについて、それぞれの持ち場において多くの方々に話すことが必要なんだということを改めて感じた次第です。

（本稿は二〇〇三年七月六日に発表した内容について趣旨を変えずに書き改めたものである。また引用文献は最小限のものにとどめた。ご容赦ください。）

新しい弥生開始年代のもたらすもの

——歴史観の変換をめざして——

広瀬　和雄

はじめに

「弥生時代の開始年代が五〇〇年ほど遡及する」との衝撃的な研究報告が、国立歴史民俗博物館国際研究集会でなされたのは、二〇〇三年三月二二日のことであった。その後、二〇〇三年五月二〇日の報道機関での発表以降、侃々諤々、談論風発の趣きがあって、ジャーナリズムをつうじての賛否両論もたたかわされ、久方ぶりの考古学からの大きな話題提供となっている。

　今村峯雄氏を代表とした研究チームの弥生時代炭素一四年代に関する研究成果は、藤尾慎一郎氏のまとめによれば、つぎのとおりである。「九州北部の弥生早・前期の土器である、夜臼《ゆうす》Ⅱ式と板付Ⅰ式の煮炊き用土器に付着していた煮焦げやふきこぼれなどの炭化物を、ＡＭＳによる炭素一四年代測定法によって計測し、得られた炭素一四年代を年輪年代法にもとづいた国際標準のデータベース（暦年較正曲線）を使って暦年代に転換したところ、一一点の試料のうち一〇点が前九〇〇〜七五〇年に集中する結果を得た」[1]。したがって、北部九州の一角で水田稲作がはじまった夜臼Ⅰ式の年代は、前一〇〇〇年ごろにまでさかのぼる可能性がでてきたのである。つまり、弥生時代のはじまりが前五〜四世紀という、これまでの定説よりも五〇〇年ほど早まったわけだ。これは以下に述べるようにたいへん重要な問題をはらんでいる。

それに言及するまえに、これまでの弥生時代開始年代に関する「定説」はどうであったのか。おなじく国立歴史民俗博物館研究チームの一人、春成秀爾氏の言が的確なのでそれを借りておこう。「弥生時代の実年代について、これまで北部九州の甕棺墓に副葬されている中国鏡の年代を基準にして、弥生中期後半に前一世紀をあて、弥生前期はそれに一定の年代を架上して前二〜三世紀、そして弥生早期は前四〜五世紀と考える研究者が多い。その年代観にもとづいて、弥生時代を東アジア情勢のなかで理解しようと努力してきたのがこれまでの研究の大勢であり、諸説が提示されているとはいえ、そこに特に大きな齟齬はきたしていなかったともいえるだろう」[2]。

弥生時代開始年代の遡及は、ただそれだけにはとどまらない。水田稲作とその文化のはじまりが五〇〇年も早くなって、これまでの歴史像がなにも変わらないはずはない。すくなくとも縄文・弥生・古墳時代の研究者にとっては、対岸の火事ではすまされないできごとである。弥生文化の普及とその具体相、縄文文化の消滅原因、弥生文化と縄文文化との融合の仕方など——もちろんそれらは前方後円墳国家の時代の社会的特質を大きく規定するのであるが——、これから解明していかねばならない課題がたくさん突きつけられた。そして、既往の歴史像をつくりあげてきた私たちの歴史観をも揺さぶりはじめた。これからしばらくの間は暗中模索状態がつづくであろうが、既往の通説との関連でいくつかの問題の所在を記しておこう。

1　弥生時代開始年代の決めかた

土器や陶器は壊れやすい。しかし、日常生活に必須だからどんどんつくり直す。したがって、機能の変化や需要と供給にもとづく生産組織のありかた、あるいは食生活やイデオロギーや流行などによって、そのときどきの変化を如実にあらわす。しかも用済みになって廃棄された土器や陶器は、けっして腐らずにいつまでも大地のなかに残る。

土器が発明された縄文時代以降、日本考古学はどの地域でも使われ、一定の時間幅での変化――技法や文様、あるいは大きさや形態やそれらの組み合わせなど――を見せるという要素に着目して精緻な型式分類を積み重ね、「世界に冠たる土器編年を確立して[3]」きた。そして、いまもなお各地で各時代にわたって研究が深化され、たえず検証がなされつづけている。

ただ残念ながら、各地で頻繁に実施されている遺跡の発掘調査で掘り出された夥しい土器には、みずからの故事来歴を記してくれたものはほとんど皆無にちかいし、それが使用されていた年代を刻むものもごくわずかにすぎない。だから型式分類にもとづく土器の編年は、土器ならびにそれと共伴関係にある「もの」同士の先後関係、いいかえれば相対的な時間序列をあらわすにすぎないのである。そういった事情はもちろんのこと、考古学界では常識になっている。

土器そのものに、あるいはそれと共時性をあらわすとみなしうる「もの」、たとえば紀年銘をもった木簡などに年代が書かれていないかぎり絶対年代は判明しない。したがって、実年代というか暦年代を決定するには、たとえば弥生時代のようにまだ文字が普及していない時代であれば、春成氏が述べたように年代の判明している中国鏡などとの共存関係を重視する以外には、年輪年代法や今回の炭素一四年代法などの理化学的方法に依拠するしか術がない。何度も言うが、年代判定可能な遺物のない時代の実年代（暦年代）は、考古学独自の方法では明らかにできないのである。

そこで炭素一四年代法である。この方法は「大気や現在成育している生物には、放射性の炭素一四がごく微量（炭素原子一兆個につき一個程度）含まれている。生物が死亡して大気との炭素のやり取りがなくなると、その体内で炭素一四は一定の割合で減少していく。この性質を利用し、生物起源の遺物やその炭化物の中に残っている炭素一四の濃度から、その生物が死んで何年経過したか（何年前の資料か）を算出するのが、炭素一四年代測定法である。－中略－しかし実際は、地球磁場や太陽の黒点活動などの影響から、時期によって炭素一四濃度は変動していたことがわかっている。そのため、「炭素一四年代」から実際の年代（「暦年代」）を求めるためには補正が必要である。近年、木の年輪（一年ごとに年代が確定できる）を測定することによって、過去の炭素一四濃度の変動を調べ、暦年較正データベースとして整備する作業が国際的に進み、炭素一四年代を正確に暦年代に変換できるようになった。－中略－加速器で炭素原子をイオン化して加速し、微量の炭素一四原子を一つ一つ数えることによって濃度を測定する方法をＡＭＳ法（加速器質量分析法：Accelerator Mass Spectrometry）という。この方法で、現在は、一ミリグラム以下の炭素試料を〇・三～〇・五％の精度で測定できるようになった」[4]というものだ。

さて、先に述べた土器の相対年代を絶対年代におきかえるとき、縄文時代では炭素一四年代法が確度の高い地位を占めてきた。「関東地方早期の撚糸文土器（夏島式土器）の古さがB.C.七四九一±四〇〇年、瀬戸内早期の押型文土器（黄島式土器）がB.C.六四四三±三五〇年」(5)が、「古すぎる」といった批判との間に論争をつづけてきたのは周知のとおりである。ただそうはいってもいまのところ、草創期もふくめた縄文時代の存続期間はほぼ一万年間というのが、通説化しているようだ。

いっぽう、±四〇〇年とか±三五〇年などは誤差があまりにも大きすぎて、数十年の単位が問題になってしまう弥生時代以降は、実際のところは適用できなかった。そういった経緯や事情もあって、年代決定における炭素一四年代法は弥生時代以降の研究では、ほとんど等閑に付されていた。そういったなかでの今回の国立歴史民俗博物館における人文系と自然系の研究者による共同研究であった。

はたせるかな、炭素一四年代法にもとづく弥生時代の実年代が「古すぎる」、といった意見が幾人かの考古学研究者によって表明されているし、他機関での今回のデータのクロスチェックが必要ではないか、などのもっともな意見もある。しかし、いま確認しておかねばならない第一は、炭素一四年代の科学性についての批判をなしうる資格を、考古学研究者はもたないということである。

「一四C年代には、重要な前提条件がある。それは過去数万年間、一四C年代測定が可能な期間、一四Cの量は一定であったとすることと、この地球上のどこでも、大気中であれ、水中であれ、高緯度地域であれ、低緯度地域であれ、一四Cの濃度は一定であったとすることである。この二つの前提条件はチェックのしようがないものである。この前提条件にたいして、種々の疑問が出されている」(6)と藤本強氏はただしく指摘する。そこから炭素一四年代の年代較正なども必然化されるのだが、その方法や土器に付着した炭素起源の吟味といった資料の妥当性など、あらためて言うまでもないことだが、上記の疑問もふくめて同様の方法につうじた研究者の批判に委ねるほか仕方がない。それぞれの個別科学が時間をかけて構築してきた方法と成果を、そのプロセスを捨象して結果だけについて批判してもことは解決しない。

第二は、炭素一四年代で出された年代にたいして考古学研究者が異議を唱えうるのは、考古学が永年にわたって積み上げてきた相対年代、もしくは紀年銘をもった製品との相関関係で判明している実年代、それらと齟齬をきたした場合である。ただ、いまのところ弥生土器の編年序列が逆転するような、そして前漢鏡との共伴関係で導かれた中期後半の年代観を否定するような、炭素一四年代の測定値は今回は基本的には出されていない。

重要な事実として第三に挙げておかねばならないのは、炭素一四年代測定法で得られた実年代は、年輪年代法の成果とも整合することである（図参照）。たとえば、畿内Ⅰ様式新段階（弥生時代前期後半）の兵庫県東武庫遺跡の木棺材はB.C.四四五年、大阪府東奈良遺跡の板材はB.C.四四八年（光谷拓実氏によれば、辺材がなかったので五〇年ぐらいの加算が必要とのこと）の年代が得られている。[7] いっぽう、福岡県雀居《ささい》遺跡の前期後半の土器に付着した炭化物の炭素一四年代（一四CBP）は二五一〇±四〇年であって、北部九州と畿内との土器平行関係の厳密な検討が必要ではあるけれども、さほどの誤差は出ていない。ちなみに年輪年代法についても、池上曽根遺跡の大型建物柱材の年輪年代－前五二年など－によって、弥生時代中期後半が前一世紀後半ごろを中心にした年代だ、というのはほぼ定着してきたようだが、上記した前期後半の年代については「古すぎる」との感触からであろうか、さほど話題になったとは言いがたい。統一した方法で出された年代を一つは採用するが、ほか

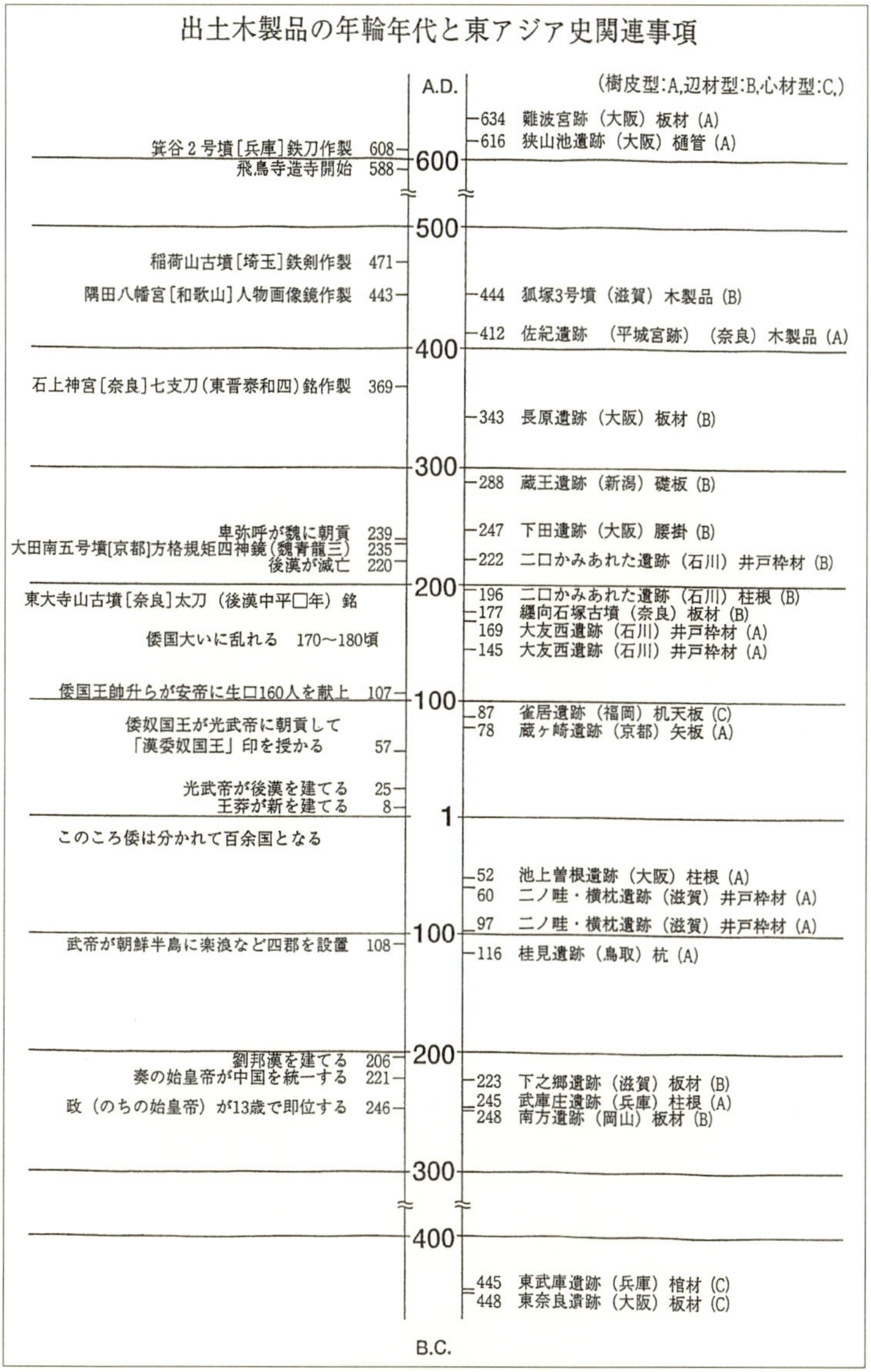
出土木製品の年輪年代と東アジア史関連事項
A.D.
(樹皮型:A,辺材型:B,心材型:C,)
634 難波宮跡（大阪）板材 (A)
616 狭山池遺跡（大阪）樋管 (A)
箕谷2号墳[兵庫]鉄刀作製 608
飛鳥寺造寺開始 588
600
500
稲荷山古墳[埼玉]鉄剣作製 471
隅田八幡宮[和歌山]人物画像鏡作製 443
444 狐塚3号墳（滋賀）木製品 (B)
412 佐紀遺跡 （平城宮跡）（奈良）木製品 (A)
400
石上神宮[奈良]七支刀(東晋泰和四)銘作製 369
343 長原遺跡（大阪）板材 (B)
300
288 蔵王遺跡（新潟）礎板 (B)
卑弥呼が魏に朝貢 239
大田南五号墳[京都]方格規矩四神鏡(魏青龍三) 235
後漢が滅亡 220
247 下田遺跡（大阪）腰掛 (B)
222 二口かみあれた遺跡（石川）井戸枠材 (B)
200
東大寺山古墳[奈良]太刀（後漢中平□年）銘
倭国大いに乱れる 170～180頃
196 二口かみあれた遺跡（石川）柱根 (B)
177 纒向石塚古墳（奈良）板材 (B)
169 大友西遺跡（石川）井戸枠材 (A)
145 大友西遺跡（石川）井戸枠材 (A)
倭国王帥升らが安帝に生口160人を献上 107
100
87 雀居遺跡（福岡）机天板 (C)
78 蔵ヶ崎遺跡（京都）矢板 (A)
倭奴国王が光武帝に朝貢して
「漢委奴国王」印を授かる 57
光武帝が後漢を建てる 25
王莽が新を建てる 8
1
このころ倭は分かれて百余国となる
52 池上曽根遺跡（大阪）柱根 (A)
60 二ノ畦・横枕遺跡（滋賀）井戸枠材 (A)
97 二ノ畦・横枕遺跡（滋賀）井戸枠材 (A)
100
武帝が朝鮮半島に楽浪など四郡を設置 108
116 桂見遺跡（鳥取）杭 (A)
200
劉邦漢を建てる 206
秦の始皇帝が中国を統一する 221
政（のちの始皇帝）が13歳で即位する 246
223 下之郷遺跡（滋賀）板材 (B)
245 武庫庄遺跡（兵庫）柱根 (A)
248 南方遺跡（岡山）板材 (B)
300
400
445 東武庫遺跡（兵庫）棺材 (C)
448 東奈良遺跡（大阪）板材 (C)
B.C.

図　考古資料の年輪年代

（光谷拓実編「年輪年代法の最新情報」『埋蔵文化財ニュース』99　奈良国立文化財研究所、2000年）

のものは等閑に付すといった態度は、当然ながらとるべきではない。

第四、最後に「考古学と農政は覆されるためにある。どだい大雑把にしていい加減だから。弥生期の始まりは五〇〇年さかのぼり、国敗訴の川辺川訴訟は上告を断念。ともにつじつま合わせてとぼけるほかはないか」（朝日新聞、平成一五年五月二〇日（火）夕刊『素粒子』）。「旧石器発掘捏造事件で日本考古学協会が「すべて捏造」と検証結果を発表。七〇万年前までさかのぼった列島の旧石器起源はこれで七万年前に逆戻りした。上げたり下げたり、定まりにくい学問だ」（朝日新聞、平成一五年五月二六日（月）夕刊『素粒子』）といった誹謗についてである。

旧石器発掘ねつ造事件に関しては、考古学界の一員としては弁解の余地もない。それについては別稿を用意したいが、「最古」をつぎつぎと更新していくというねつ造行為の背景には、ニュースソースとしてそれをつよく待望したジャーナリズムと、歴史の悠久の古さに価値を認めた国民——研究者もふくめた——の支持があったことは否めないのではないか。そこまでの掘り下げを『素粒子』に求めるのは所詮は無理だろうが、上述したような年代決定についての考古学の方法論的限界だけは理解してほしい。いま一度言うが、考古学が資料とする遺跡・遺物からは、直接的には実年代が得られない。

2　初期生産経済の見直し

炭素一四年代測定法で弥生開始期が、前五〜四世紀から前一〇〇〇年ごろへとおよそ五〇〇年も遡及したことによって水田稲作の拡大力、ひいては初期の生産経済についての評価を見直さざるを得なくなった。ちなみに、縄文時代の開始年代が一六五〇〇年前にまで遡及する——それまでよりも四五〇〇年ほど古くなる——という一九九九年四月の報道発表については、考古学研究者の拒否反応もふくめて、今回ほどのマスメディアの反響はなかった。かく言う私自身も、さほど敏感に対応したわけではなかった。

やはり、「未開的・呪術的・宗教的」な縄文文化は遙か歴史の彼方にあって、現代社会とは直接的にはつながらないとの認識が、私たちをひろく覆っていたようだ。それにたいして弥生文化には、馴染みの深い「卑弥呼・邪馬台国」に、水田稲作や戦争などの存在もあいまって、文明社会への出発点だとの見方が敷衍されているようである。いいかえれば、弥生文化は現代日本文化のひとつの源流とみなされている。そういった事情があいまってか、今回のインパクトは縄文のそれとは比較にはならないほど強力であった。

弥生時代開始年代の遡及がもたらした最大の衝撃は一部の研究を除くと、ほとんど「信仰」に等しかった水田稲作の拡大力や生産性の高さに疑問符が付されたことにある。なぜならば、弥生時代開始年代の五〇〇年の遡及は、弥生時代各期の年代幅が均等に長くなったことと同義ではなく、弥生時代前期がおよそ五〇〇年間もの長きにおよんだ、ということにほとんど等値されるわけであるからだ。したがって、五〇〇年を加算することでの弥生時代前期の「間延び」の評価が大きな課題となってきたのである。

北部九州における首長墓の出現や畿内での水田稲作の定着・普及といった画期が、弥生時代前期末にみられ、そこにいたる時間幅の短さが水田稲作に包摂された力だ、というふうに理解されてきた。ところが今回の研究成果によればそこにいたるまでに、いままでとは比べものにならないほどの長い時間が経過していたことになる。

あるいはそれに関して、縄文文化と弥生文化の同質性・連続性が強調されだすかもしれない。しかし、今回あらたに提起されたのは移行期の再評価であって、縄文文化と弥生文化に質的な差違があることに変わりはしない。

さて、「前五~四世紀ごろに九州北部に水田稲作をもたらした南部朝鮮からの渡来人と、在来の縄文人とが融合してつくられた弥生文化は、一〇〇年強ほどで西日本一帯に一気に拡大し、短期間に急激な人口増加や階層分化をもたらした」との「通説・定説」は、弥生時代開始年代が早まることで、いくつかの変更を生じざるを得ない。

いいかえれば、「水田稲作ならびに金属器の製作・使用は、日本列島の社会を大きく発展させた」との発展段階論的な通説も、「急速な発展」の中味をいま一度検討しなおさなければならなくなってきた。第一に、縄文時代から弥生時代への移行が劇的であった、との理解に変更の余地がでてくる。実際のところ水田稲作の拡大力は従来考えられてきたほど強力ではなく、その開始から数百年ほどかけてすこぶる緩慢に、日本列島各地に普及・定着していったことになる。むしろそのほうが「水田稲作を携えて渡来してきた人びとは少なかった、在来の縄文人も少なかった、にもかかわらず人口は短期のうちに急増した」という一見矛盾した通説の克服にとっては有効なように思う。さらに言えば、「水田稲作の開始とともに北部九州では人口が急増した」は、前期の時間幅が大きくなることで修正されねばならなくなった。そして、人口増加の上昇曲線は一気にゆるやかにならざるを得なかった。

縄文時代晩期のおよそ二〇万人から奈良時代の約六〇〇万人への推定人口の増加に、これまでは一二〇〇年しか費やさなかったと解釈されていたが、実際は一七〇〇年を費消したことになり、いままでよりも時間の経過が長くなって、こちらもまた納得がしやすくなったのではなかろうか。いっぽう、そうした見方での弥生時代前期の遺跡の消長を再検討しなければならなくなってくる。

はたして、あらゆる考古学的事象においてつじつまが合うのかどうか、個々の遺跡・遺物に即して検証しながら、今後あらたな解釈をほどこしていかねばならないだろう。たとえば、北部九州の弥生時代遺跡のありかたから、いったいどのように人口が拡大していったのか、いつ、いかなる場合に弥生人は首長墓に見られるような人格を生みだしたのか、などを検証していかねばならない。また、弥生時代前期の時間幅が長くなれば、いま認定されている弥生前期の土器型式は、各々が長期にわたって使用されていたことになるが、その解釈もふくめて、土器型式のありかたについての再考も必要になってくる。

第二、「弥生文化がわずか一〇〇年強で、畿内もふくむ広範囲な地域に一気呵成に伝播していった」も是正されねばならない。実際のところは北部九州から畿内へ水田稲作が到達して定着するのに、四〇〇～五〇〇年もの期間がかかった可能性が高くなってきたが、その間、西日本各地で縄文文化と弥生文化はどのような状態で併存していたのであろうか。これまで散見されていた縄文時代晩期の堰や大陸系磨製石器などの資料も、交易を視野におさめた彼我の人びとの交渉として理解していかねばならない。

第三、かつては「縄文文化ゆきづまり、弥生文化救済論」、すなわち食料を生産しない縄文文化は「食うや食わずのその日暮らし」で、生産性の高い水田稲作を携えた弥生文化がそれを救った、という通説が敷衍されていた。しかし、近年では「縄文文化は豊かだった」との見直し論も出てきた。はたして獲得経済に滅びの原因があったのかといった問いにたいしても、五〇〇年の年代付加は大きな影響をあたえる。もし既往の通説のように、どうしようもなく縄文文化が壁にぶつかっていたのならば、たとえば畿内において五〇〇年間もの長期にわたって、どうして縄文人が水田稲作に移行しなかったのかが理解しにくくなる。

3　異質な文化の共存

そもそも北部九州と畿内はそれぞれ異質性をもちながらも、前方後円墳の時代にいたるまで同一歩調の発展をとげた「一衣帯水」的な地域との認識が蔓延していた。そしてその背景には前述したように、自然に依存していた獲得経済の縄文文化が広範囲にわたってもはやゆきづまっていて、水田稲作の生産経済をひっさげた弥生文化がそれを救ったのだ、との生産力優位史観、あるいは発展史観があった。さらにはともに一つの律令国家に収斂されていくという歴史観が前提されていた。しかし、実態はそうではなかった。日本列島における初期農耕文化は、時間の経過とともに徐々に拡大しながらも、たえず採集・狩猟・漁労の文化と共存していた。

異質な文化の共存と統合の歴史をどのように体系化していくかが、これからの考古学の重要な研究課題になると思う。それは後述するような近代国家に収斂される一系的歴史観や、「縄文・弥生の一万年」がベースとなったある種の基層史観などとは違った歴史観のよりどころとなる歴史像の構築と同義である。

第一、縄文土器の分布圏に象徴される地域色をもちながらも、採集・狩猟・漁労に、後期以降は地域によってはコメもふくめた雑穀栽培の組み合わせを経済基盤とした縄文文化は、基本的には均質的な文化であった。そこに水田稲作が導入されることで日本列島の文化は、北から続縄文文化、弥生文化、貝塚後期文化の三つに分裂してしまった。

弥生文化以降の生産（選択型）経済と縄文文化の系譜をひいた続縄文文化・擦文文化・アイヌ文化、あるいは貝塚後期文化などの獲得（網羅型）経済は、平安時代もしくは近代国家成立期まで併存した。いっぽう、弥生文化の成立過程も均質ではなかった。前一〇〇〇年ごろの北部九州を起点とした弥生文化――水田稲作を基調にした文化――は、弥生土器の平行関係や水田稲作の開始についての綿密な検討が要請されるものの、前述したように畿内に定着するまでにおよそ四〇〇～五〇〇年ほどかかったらしい。南関東までともなるともっと長くて九〇〇年ほどかかっている。

その間、弥生文化と縄文文化はどのような関係構造をもっていたのだろうか。まったくの没交渉であったのか、各種原料や手工業製品などの交易をつうじた継続的交渉をおこなっていたのか。そうであるならば、どうして「生産性に優れていた」水田稲作が獲得経済を一気に席巻しなかったのであろうか、という問いが提出される。そもそも北部九州に水田稲作文化が到達してから四〇〇～五〇〇年もの長い間、どうして畿内にそれが伝播しなかったのか。

ひとつの解釈は、水田稲作に従事した人びとの数がそれほど多くなかったから、土地や水を求めての早急な移住は必要でなかったというものである。いまひとつは、畿内の縄文文化はけっして飢えてはいなかった、だからあえて水田稲作中心の選択型経済へシフトする必然性はなかったというものである。しかしそうはいっても、やがては北と南を除いた地域の獲得経済は姿を消していく。いずれにしても、水田稲作の生産性を高く評価していた既往の通説は見直さなくてはならなくなったのだが、それとともに日本列島各地における縄文文化から弥生文化への段階的変移を、考古資料に即して描き出していくという重要な課題が残されたわけだ。

次の古墳時代には北海道・東北北部と沖縄を除いた日本列島には、前方後円（方）墳造営をメンバーシップにした一個の政治的結合体―前方後円墳国家―が、三世紀中ごろから七世紀初頭にわたって展開した。開始期の異なった弥生文化が、したがって熟度も異なっていたであろう各地の弥生文化が、いったいどのような過程で政治的に統合されていったのであろうか。〈画一性と階層性を見せる墳墓〉としての前方後円墳に表象された地域性を、そうした観点から分析していくこともこれからの課題となるであろう。

第二、前近代の日本列島には、獲得経済と生産経済を基盤にした異質な文化が交通しながら共存していたが、やがてそれらは統合され、近代国家としての日本が誕生する。弥生・古墳時代の三つの異質な文化は交通しながら共存していたが、やがてそこには支配―従属の関係が貫徹されていく。その途中でコシャマインやシャクシャインの「反乱」などもあった。そういった歴史的経過と関連させて、縄文文化や続縄文文化や貝塚後期文化など、「国家なき社会」の実態、さらにはそこでの緩やかな変化をどう評価するか、といった課題がたちまち提出されるが、いずれにしても重い課題である。

第三、なぜ人びとはまとまって生きるのか。そのためのさまざまな団体を維持していくため、どのようなシステム――権力・イデオロギー・経済制度等々――をつくりあげたのか。そういった視座にもとづいて、これまでうずたかく積み上げられてきた個別研究の束と、発掘調査で掘り上げられた膨大な考古資料を駆使していくつかの文化類型を設定し、その関係性としての歴史像をつくりあげていくのもひとつの方途である。先述した一系的歴史観や基層史観とは違った、類型史観とでもいうべき歴史像の構築がいま必要なのではないか、と私は考える。

その構想をごく簡単に述べておくと次のようになろうか。あたかも自然史とみなされるような歴史ではなく、つまり人びとの意志や欲望と無縁の地平で歴史を叙述するのではなく、人びとの智恵と行動の表象として歴史をとらえたい。欲望をもった人間同士がその衝突で破滅してしまわないように、利害の調整をめざしていかなる利益共同体―その最大の政治団体が国家―をつくりあげたのかを問わねばならない。そして、それをできるかぎり長く維持していくために、暴力の行使と同意の形成を包摂した意志関係をどのように結成したか、が次なる問いになる。そういった視座から時―空的に分節化された歴史類型を設定してみよう。そして、個々の歴史類型の構造解析とともに歴史類型が変化するときの事情を解明していこう。

4　近代国家に収斂される歴史像

高校日本史などに代表されるように、近代国家に収斂される一系的（一元的）かつ発展段階論的な歴史像が、これまでの日本史を規定してきた。日本考古学が主導権を握った弥生・古墳時代史にしても、その古代版、すなわち律令国家という古代国家をめがけての歴史になっている蓋然性が高い。

それにたいして齟齬をきたす考古学的事実があっても、日本考古学はさほどの違和感を表明してこなかった。たとえば、三世紀中ごろから七世紀までの古墳時代は、自動的に律令国家に推移していくとみなされがちだが、墳長二五〇ｍの大王墓クラスの奈良県市庭古墳が、平城宮の造営に際して無惨にも破壊された事実はさほど問題にされてこなかった。また前方後円墳が築造されつづけた時代のなかでも、五世紀後半以降を律令国家にむけての出発点とみなす意見はすくなくない。全国で約五二〇〇基もつくられつづけた前方後円墳の時代を一個の独立した時代とは認識せずに、その途中からを律令国家形成期と位置づける見方はあいかわらず根強い。

四周を海に囲まれた島国で、社会を根底からくつがえすような革命的な変化がなかった、との歴史認識と、皇国史観に代置された唯物史観が戦後知識人の精神をひろく覆ってきたのが大きな原因と思える。そこから近代国家の枠組みがそのまま古代へ遡及され、単一民族的な歴史観が醸成されやすい土壌が育まれてきた。それと表裏一体と思われるが、外在的（ヨーロッパ的）な「体系」への「あてはめ主義」が、「科学」と等値されつづけるような知的雰囲気が漂いつづけている。

人間社会はたえず発展しながら、生産力の発展が既存の生産関係を変革させ、やがては理想的な社会に到達するといった歴史が流れていく発展段階論――法則史観・運命史観・ゴール史観――が主流であった。いいかえれば、歴史はたえず変化しながら上昇しつづける、との認識が流布されていたが、そこには生産力の発展をもたらす生産経済は善であって、自然に依存して「もの」を生産しない獲得経済は悪とまでは言わないにしても、それに近しい価値観が横たわっていた。

もっと論を進めるならば、変化することが歴史であって、変化しないとみなされがちな、たとえば縄文文化のような緩やかな変化をもった文化は、あたかも歴史の埒外かのような評価も受けてきた。すくなくともそういった事態がひろく展開していたのは否めないように思う。そのような歴史観からすれば、理想郷として措定された究極のゴールにいたる歴史は、すべからくそのための「前史」になってしまう。極端にいえば、どの時代もそしてその文化も、ユートピアにいたるプロセスにしかすぎないし、したがって結果的にはどれもが「未開的」になってしまう。いわばそこには「未開と文明」史観が通底している。

「前史」の連続で歴史をとらえるから、ひとつの時代は次の時代への発展途上の「移行期」としてしか位置づけられない。一例をあげれば、欧米近代を理念型とみなした歴史観からすれば、鎖国を国是としてきた江戸時代は近代化を遅らせた封建社会だ、というふうに負のイメージ――そもそも「封建的」という言葉は、「遅れている」、「古くさい」などと同義のようにみなされている――で語られがちだ。しかしながら、二六〇年もの長期にわたって戦争をしなかったという側面に照射すれば、きわめて平和な時代であったとの判断が容易になされるし、芸能をはじめ各方面に民衆がエネルギーを噴出させた時代でもあった。そうした事態を冷静にみれば、すぐれた統治システムがじゅうぶんに機能していたとの評価に到達するはずではないか。

いっぽう、「発展史観」に対抗して「循環史観」、もしくは「基層史観」とでもよぶべき歴史観が措定されていて、一系的な文化の「古さ」――それは民族の優秀さにもつなげていくのだが――と相即不離の関係で日本文化の悠久性が強調されるが、それは歴史の古さに価値を見いだす日本人の感性に合致してきた。古代では中国、近代になってからは初めヨーロッパ、やがてはアメリカといった圧倒的な外来文化の影響は所詮は表層で、伝統的日本文化の基層には「縄文・弥生の一万年」が横たわるとの言説(8)、いうならば「和魂洋才」的観念が受容される素地は大きい。

文化なるものは玉葱のようなもので、いつの時代にも継承されつづけた不変の基層文化などはありえないし、交渉をもったかぎりはその相手から影響を受けない文化の存在などは考えにくい。どちらかといえば、ゆるやかで長期におよぶ文化に、変化の激しい文化要素が重層していく、その繰り返しが日本文化の特質とでも指摘することができる。ことばをかえれば、「伝統文化＋外来文化」が内在化して、やがてそれが次の伝統文化になって、またそこに外来文化が重層していく、といった歴史の過程が顕著ではあるが、その初期の一代変革が縄文文化から弥生文化への転換であった。

今回の弥生時代開始年代の遡及は、上記してきたようなすこぶる重要な日本史の課題を再考させてくれる機会を日本考古学にあたえてくれた。偉大な僥倖としてそれをとらえたほうが、細分化・専門化・個別化の一途をたどっている日本考古学研究にとっては生産的なように思うのだが。

〔註〕

(1) 藤尾慎一郎「研究の内容・結果・意味」『歴博特別講演会　弥生時代の開始年代—AMS年代測定法の現状と課題』(国立歴史民俗博物館、二〇〇三)

(2) 春成秀爾「あいさつ」『国立歴史民俗博物館国際研究集会二〇〇三　弥生時代の実年代』(国立歴史民俗博物館、二〇〇三)

(3) (1) とおなじ

(4) 今村峯雄「炭素一四年代測定法について」註1文献とおなじ

(5) 鎌木義昌「縄文文化の概観」『日本の考古学Ⅱ　縄文時代』(河出書房新社、一九六五)

(6) 藤本強「年代決定論(一)—先土器・縄文時代の年代決定」『岩波講座日本考古学1　研究の方法』(岩波書店、一九八五)

(7) 光谷拓実編「年輪年代法の最新情報」『埋蔵文化財ニュース』99(奈良国立文化財研究所埋蔵文化財センター、二〇〇〇)

(8) 西尾幹二『国民の歴史』(産経新聞ニュースサービス、一九九九)。

日本古代史に関する覚書
――未開・文明・国家――

西谷地　晴美

はじめに

中世史を専攻している者が、このような弥生時代以降を対象とする古代史シンポジウムに、どのようなかたちで学問的に関わることができるのか。それが、今回の報告の命を受けたときに、私が自問した問いでした。研究の個別細分化が進んだ日本史学では、そのような行為に対して往々にして奇異の目が向けられるからです。しかし、調査を進めていくなかで、次に挙げる二人の発言に勇気づけられました。まずは、その紹介から始めたいと思います。

一つ目は、今日出席されている長山泰孝さんの以下の発言です。

日本の古代国家と他のアジアの諸国家との相違について考える場合に、見逃すことのできぬ問題として封建化の問題がある。……世界史的にみると、古代国家の崩壊のあとに封建制社会が成立するというのはそれほど自明のことではなく、とくにその古代国家が専制的な中央集権的官僚制国家である場合には、むしろ封建化はきわめて困難であったと考えられる。したがって、もし日本の古代国家をアジア的専制国家とするのであればなおさら、なぜ日本においては封建化が可能であったのか、日本の古代社会そのもののなかに、なにか封建化をうながす要因があったのではないかといった観点からの研究があって然るべきであろう。……私は、日本においてなぜ封建化が可能であったのかという問題意識から、他の地域の封建制との比較研究を進めるとともに、その成果に基づいて逆に日本の古代国家を見直す必要があると考える。（長山「古代国家理論の再検討」『古代国家と王権』吉川弘文館、一九九二年、一五〜一六頁。初出は一九八一年）

長山さんの封建制の理解については、「日本における封建化は、停滞的なアジア社会から脱してより高い発展段階に進んだというようなことではなく、むしろ西ヨーロッパの場合と同様、オリエント社会に較べて格段に低い生産力にもとづく社会的退行現象とみるべきではなかろうか」（長山「世界史における封建制の位置づけについて」『古代国家と王権』五二頁。初出は一九八九年）という指摘とあわせて検討すべきでしょうが、その議論は別の機会に譲らざるをえません。さらに、長山さんが論文の中で主張されている脱進歩史観と「中世」問題を踏まえると、私たちが自明視している「中世」という用語や概念も再検討の余地がありそうですが、その点はひとまず措いて、上記の提言をここでは中世史側からの古代史への発言の重要性の提起として捉えておきたいと思います。

二つ目は、都出比呂志さんの次の発言です。

古代国家研究の重点が律令国家のみの分析におかれ、そのため、古代国家成立論はとりもなおさず律令国家成立論だとの固定観念を生み、大王や天皇、国郡制、軍制、官人制、編戸など律令国家の支配組織の骨格的要素の成立過程は厳密に追求されながら、その議論はステレオタイプ化しているようにみえる。その原因の大半は、古代史の研究を歴史研究のダイナミクスのなかでどのように位置づけるのか、原始から中世にいたる社会変動過程において古代とは何であったのか、という根本的な議論との緊張関係が欠けていることにあると私は思う。（都出「都市形成と国家論」、吉田晶編『日本古代の国家と村落』塙書房、一九九八年、三六頁）

都出さんの提示された著名な初期国家論の検討は、広瀬和雄さんのお仕事でしょうから（広瀬「前方後円墳とはなにか」『論座』二〇〇三年七月号、朝日新聞社）、ここでは扱わないことにしますが、都出さんの上記の指摘には文献史学に携わる者が真摯に受け止めるべき点が多々あるように思います。というのは、網野善彦さんの無縁論を読み直すことによって、私自身以下のような論点を導き出すことができたからです（拙稿「網野史学と古代認識――関係・所有・国家――」、小路田泰直編『網野史学の越え方』ゆまに書房、二〇〇三年）。

①連続した関係（有縁－所有）と不連続の関係（無縁A－所有）が未分化の段階が、原始の段階である。した

がって原始の段階が無所有になるわけではない。ヒトの成立は、いわば原所有（自由な所有）とも言うべき状態から始まったことになる。

②連続した関係と不連続の関係は、一対の不可分なものとして同時に登場する。これが人類における社会の発生であり、社会を成立させた当初のこの二つの所有は、いずれも呪術的な性格を濃厚に帯びている。

③連続した関係に不連続の関係が組織化されたとき、国家が姿を現す。連続した関係（有縁）だけでは国家は生み出せないし、歴史の進展によって不連続の関係（無縁A）が消滅することもない。変化をするのは、一つにはこの組織化のあり方であり、もう一つは二つの関係（二つの所有）を切り結ぶ宗教や思想である。従来の時代区分とは異なる歴史上の重要な転換点は、これらの変化によって知ることが可能となる。

④先の仮説に立てば、人類の社会は、いわゆる原始共産制の状態においてではなく、人々の原所有（自由な所有）を前提とした、いわば私利私欲のはびこりやすい状況下において出現した、と想定される。社会の本質が本来そのようなものであったならば、商業や流通は人類社会の成立とともに始まるであろうし、私利私欲の肥大化による社会（人と人との関係）そのものの崩壊をくい止めるために、人々の飽くなき欲望を管理・統制する手段や法や組織が、地域社会のレベルをはるかに超えて広範囲に必要とされていくはずである。国家や、私欲否定の内容からなる宗教・思想（政治思想）が、極めて早期の段階から人類社会のなかに姿を現してくる理由の一つは、このようなところにあると考えられる。

⑤私には、律令制を「社会の実態から著しく遊離」した制度（しかも専制的）と見なしてきた日本古代史の定説を見直すほうが合理的であるように思えるし、近年の考古学の研究成果を踏まえれば、不連続の関係の組

織化は律令制が導入されるはるか以前から始まっているように見える。国家の形成と律令制の導入を表裏一体の関係と捉えて怪しまなかった従来の文献史学の考え方は、一度疑ってかかったほうが良いのではないか。

①〜③は、「連続した関係は不連続の関係に支えられてはじめて成立する」（拙稿「中世土地所有研究の視点」『新体系日本史3　土地所有史』山川出版社、二〇〇二年）という私なりの網野説理解を基礎においてさらに発展させたもので、④は①〜③をベースにした一般論的仮説、⑤は①〜③をベースにしたときの日本古代史研究への疑問です。⑤は前掲の都出さんの発言を知らないまま書いたものですが、都出発言と通底するところがあるように思います。

いつの時代でも歴史認識を基底で支えているのは、古代認識に他なりません。新しい日本史像は私たちの古代認識の更新から始まると思います。ところで、長山さんは「日本においてなぜ封建化が可能であったのか」という点から、また都出さんは「原始から中世にいたる社会変動過程において古代とは何であったのか」という視点から、中世史側へ発言を求めています。いずれも重要な問いですが、今回の報告では、国家の形成と律令制の導入についての代表的な考え方の検討を行いながら、中世以降を専攻する者が古代認識に積極的に関わるべき第三の論点を探ってみたいと思います。

一、古代国家先取り説

従来の古代国家研究を総括することは、私には到底できませんので、ここでは律令国家研究の第一人者である吉田孝さんの研究を取り上げたいと思います。その基礎にある首長制論に関して研究者の間に議論のあることは承知していますし、吉田さんの研究で古代国家論を代表させるつもりもありませんが、吉田説が声高に批判されている状況ではなさそうですので、吉田説を律令国家論の有力学説の一つと理解したいと思います。

吉田孝さんの古代国家理解の特徴は、国家成立論と帝国論にあります。少々長くなりますが、必要部分を掲げておきます。

大宝律令は「律」六巻、「令」十一巻からなる体系的な法典で、当時の日本の社会から隔絶した高度な統治技術をふくんでいた。……このような支配層による統治技術の「先取り」は、日本の社会から自主的には生まれ得ない早熟的な国家を生み出した。もちろん律令国家が生み出される背景には、ヤマト王権の氏族制的な国制によっては統治を続けることが難しくなってきたという、内在的な要因を見落としてはならないが、隋・唐の朝鮮出兵を契機とする国際的動乱が直接の要因であったことは、すでにみてきたところである。日本の律令国家の形成は、国際的動乱に対処するための権力集中と軍事体制強化の所産であった。それは、隋・唐帝国の成立に触発され、隋・唐帝国の脅威に対処するために集権的国家を形成した周辺諸民族と、基本的には同じ類型に属する国家形成であった。……朝鮮諸国はいずれも、日本と同じように、漢字と中国の儒教・仏教を摂取し、中国の統治技術を継受しながら国家を形成した。ただ日本と異なり、「律令」法典は編纂しなかったらしい。……新羅に対抗し、唐の大帝国と並ぶ東海の帝国をつくるには、どうしたらよいか。そのような課題に直面した日本の古代貴族にとって、中国律令を模倣した「律令」法典を編纂し、中国的な律令制を形成する以外の道を構想することは、きわめて困難だったのではなかろうか。……このような律令国家には、中国的な律令制と、ヤマト王権に由来する氏族制とが重層しており、あえて図式化すれば律令国家は、「律令制」と「氏族制」の二重構造としてとらえることができる。（『日本の誕生』岩波新書、一九九七年、一二九～一三六頁）

ここでは、吉田孝さんの『日本の誕生』を引用しました。名著だと思います。この部分は、有名な古代国家先取り説を一般向けにわかりやすく説明した箇所です。吉田さんの研究には土地所有に関わる部分で随分と教えられる点があったのですが（前掲拙稿「中世土地所有研究の視点」）、この国家成立に関する論点には問題にしたい部分があります。

その第一は、日本の国家形成が「隋・唐帝国の成立に触発され、隋・唐帝国の脅威に対処するために集権的国家を形成した周辺諸民族と、基本的には同じ類型に属する国家形成であった」のに、なぜ日本は「唐の大帝国と並ぶ東海の帝国」をつくろうとしたのか、という点です。普通の集権国家ではなく、なぜ「東海の帝国」にならねばならなかったのでしょうか。

これに関連して、吉田さんは倭の政治的統合と帝国への道について、次のように述べています。

倭の政治的統合（卑弥呼の登場のこと、西谷地）が早かったのは、倭の国際的・地理的条件も大きくかかわっていた。……韓の諸国の政治的統合に新しい展望が開けてくるのは、ほぼ半世紀後、後述する三一三年の楽浪・帯方二郡の滅亡後である。……中国王朝は韓族の社会の政治的統合を阻害してきたが、楽浪・帯方郡の支配力が衰退してくると、政治的統合への動きが活発となり、やがて四世紀半ばには、馬韓のなかから百済が、辰韓のなかから新羅が、はっきりとその姿を現わし始める。……高句麗の南下によって四世紀中ごろから朝鮮諸国間の対立・抗争が激化してくると、倭の王権は、百済の王権と結んで積極的にその抗争に介入していく。……倭王の武の南朝への朝貢を最後として、倭は以後一世紀余にわたり、中国王朝への朝貢をおこなわず、冊封もされなくなる。それとともに「倭」姓も用いなくなる。中国の冊封体制から離脱した倭は、朝鮮諸国の国制を継受しながら、独自の国制の形成へと向かう。それは、中国の帝国にならって、周辺の民族をも支配する帝国――中国の東海に浮かぶ小さな帝国――の形成をめざす長い道であった。（『日本の誕生』四三～七〇頁）

ここでの記述によれば、国家をまだ形成していないはずの倭の王権が朝鮮諸国間の対立・抗争に積極的に介入していますので、すでに帝国的性格をもっているということになります。日本が「東海の帝国」としての国家形成をめざした理由は、その前身である倭の王権が初めから帝国的性格を有していた点にあるようです。ところで、氏族制段階の王権に帝国的要素は一般的に認められるのかどうか。あるいは、氏族制段階の王権が普通の国家ではなく初めから帝国の形成をめざすようなことが論理的にあり得るのかどうか。門外漢の私には判断できませんが、これは吉田説の一つの要になるところですので、もう少し説明が必要だと思います。

この点と関連しますが、倭の政治的統合が韓諸国より早いという指摘は興味深いと思います。但し、吉田さんにとってこの政治的統合はもちろん国家の成立を意味しません。吉田さんが百済や新羅や高句麗を国家と見ているのかどうかもはっきりしませんが、「隋・唐帝国の成立に触発され、隋・唐帝国の脅威に対処するために集権的国家を形成した周辺諸民族」という先に掲げた指摘を踏まえれば、「高句麗の南下によって四世紀中ごろから朝鮮諸国間の対立・抗争が激化」しても、隋・唐帝国が成立するまでは百済や新羅はまだ集権的国家を形成していなかったということになります。とにかく隋・唐帝国が成立しなければ周辺諸民族は国家を形成しないのだと主張しているように私には読めるのですが、素人目には説得性に欠ける気がします。

吉田説で問題にしたい論点の第二は、氏族制の上部に国家が存立することを、古代史研究者が承認している点です。ちなみに、ここでの氏族制という表現は、『日本の誕生』の基礎となった吉田さんの論文集『律令国家と古代の社会』（岩波書店、一九八三年）では「未開な原生的共同体」（四三七頁）となっています。この点に関して石上英一さんは「律令法（文明）対未開社会という二層分離で古代社会をとらえたりすることには反対である」として、このような二重構造論に否定的ですので（石上「律令国家論」『律令国家と社会構造』名著刊行会、一九九六年、五七頁。初出は一九九三年）、律令国家を「律令制と氏族制」ないし「律令制と首長制」の二重構造として捉えた井上光貞さんや石母田正さんの学説（吉田『律令国家と古代の社会』一〇頁）と同様、吉田説も古代史研究の定説ではなく仮説の段階なのかもしれませんが、いずれにせよ、この理解は議論の対象になるはずです。というのは、吉田説は明らかにエンゲルスの『家族、私有財産および国家の起源』（以下、『起源』と略記）の主張から抜け出ているからです（これは、吉田『律令国家と古代の社会』序章の内容からも明白です）。

氏族制度は寿命をおえていた。それは、分業とその結果たる社会の諸階級への分裂とによって破砕されていた。それは国家によってとってかわられた。

これは、氏族制から国家への転換を端的に述べた『起源』の著名な一節です（大月書店国民文庫、二二〇頁。以下、頁のみ記載）。改めて言うまでもありませんが、ここでは国家は氏族制に代わる組織として登場しています。そして、「氏族制度の廃墟のうえに」おこった国家（同上）、「古い氏族組織に比較しての国家」の特徴（二二一頁）を示す有名なキーワードが、「地域による国民の区分」「公的強力の設定」「租税」「官吏」になるわけです。

私の知る限りでは、日本古代史研究（文献史学）で国家を定義する場合には、ほとんどが『起源』の国家規定に基づいています。

いうまでもないことだが、国家の形成をも含む人類の歴史の展開は、連続と非連続の織りなす全体としての過程でもある。国家の形成をいつの時期に求めるかは、それぞれの研究者がどのような指標を重視するかにかかわっている。戦後の日本古代史で重視されてきたのは『起源』とくに第九章に要約されている国家の指標であったといえる。私自身は現在においても『起源』の国家論は一般理論として有効であると考えている。とくに国家は、社会の内部のあい対立する諸階級の諸運動によって、社会が解体することを防止するために生み出された一定の秩序であり、それによって社会を目に見える一団体として総括するものであるとともに、社会から疎外してゆく権力であるとしている点は、国家の本質の重要な特徴を指摘したものといえる。またこうした国家の基本的属性として、地域による住民の組織化、住民の自主的な武装とは異なる軍事力をはじめとした監獄や警察などの公的強力の存在、公的強力の組織を専門的に運営する官僚の存在、それらを維持してゆく財源としての租税の徴発などを挙げていることも充分に納得できることである。ただし右のような一般理論が古典古代やゲルマンなどの西欧古代を基礎にしたもので、歴史的条件の異なる東アジア地域さらには具体的な日本古代の国家形成を考えるばあいには、慎重に検討する必要のあることはいうまでもない。（吉田「日本古代国家の形成過程に関する覚書――初期国家論を中心として――」、前掲『日本古代の国家と村落』、一一四～一一五頁）

これは吉田晶さんの文章です。『起源』の国家についての著名な指摘を「国家の本質」規定と「国家の基本的属性」記述として理解しています。吉田晶さんはこれは一般理論なので「日本古代の国家形成を考えるばあいには、慎重に検討する必要」があるとしていますが、もちろん『起源』を全面的に否定しているわけではありません。

吉田説は結果的に、そのような従来の古代史研究の国家理解に異議申し立てをしていることになります。ところで、氏族制（未開な原生的共同体）の上に国家の存立を認める吉田説（古代国家先取り説）を踏まえれば、吉田さんの意図とは異なりますが、大化前代や古墳時代、あるいは弥生時代に国家の成立を想定することも論理的には可能です。あとはそのような国家の指標を何に求めるかということが問題になるだけです。『起源』の国家規定は、そこではもはや大した意味をもたないでしょう。でも、吉田さんは決してそのようには考えていません。それは、吉田説に第三の重要な論点が含まれているからです。それは、未開から文明・国家へという視点です。節をかえましょう。

二、未開と文明

井上と石母田とに共通する視角は、世界帝国の古代文明とその周辺の未開な社会とが、（戦争をも含む）国際的「交通」によって結ばれたとき、周辺民族の支配者層が急速に開明化し、未開な基層文化を残しつつ急速に国家を形成するという、古代帝国の周辺民族の二次的な文明化の一形態として、日本の律令国家の形成を捉えようとしている点である。（吉田『律令国家と古代の社会』九頁）

これは、「律令国家の研究に新しい展望を開いた」（同上、一〇頁）として吉田さんが高く評価する井上光貞さんと石母田正さんの議論、すなわち律令国家を「律令制と氏族制」ないし「律令制と首長制」の二重構造として捉える議論に共通する視角を、吉田さんが総括した箇所です。この視角を踏まえて吉田さんは、「中国律令が基盤とし、支配の対象とした社会が、七世紀前後の日本の社会とは、発展段階においてだけでなく、その構造においても、著しく異なっていた」（同上、一〇頁）点、すなわち日本古代の親族組織の問題の重要性を指摘しつつ、「日本の未開な社会のあり方が、古代文明の一形態としての中国律令法の継受の仕方とどのようにかかわっていたか」という点を、『律令国家と古代の社会』の基本的な課題の一つとして挙げています（同上、一一頁）。

ところで、「古代帝国の周辺民族の二次的な文明化の一形態」である日本の文明化は、なぜ律令国家という特殊な姿で実現されなければならなかったのでしょうか。前節で掲げた『日本の誕生』での説明にもう一度耳を傾けてみましょう。

新羅に対抗し、唐の大帝国と並ぶ東海の帝国をつくるには、どうしたらよいか。そのような課題に直面した日本の古代貴族にとって、中国律令を模倣した「律令」法典を編纂し、中国的な律令制を形成する以外の道を構想することは、きわめて困難だったのではなかろうか。

日本は「東海の帝国」になる必要があったから。それが吉田さんの答えです。吉田説は、帝国論と古代国家先取り説と未開社会の文明化論が、論理的に密接不可分の関係で構築されていることがわかります。ところで周知のことですが、帝国論と古代国家先取り説を底辺で支えている未開社会の文明化の問題は、日本古代史研究では『起源』をテキストに議論されていました。

古代文明の前史をなす右の時期（「倭人」集団の時期、西谷地）の諸段階は、モルガン＝エンゲルスの段階区分に、日本の特殊性を考慮して、若干の修正と整理を加えれば、一案として以下のように区分できよう。すなわち、第一の野蛮の段階、第二の未開の段階、第三の文明の段階のうち、最後の文明の段階を特徴づける文字の使用は、日本では西紀五世紀には確実な証拠があるから、四世紀末・五世紀に文明の段階にはいるとすれば、それは大体において倭の五王の時代、中期古墳以後の時代にあたるといえよう。文明以前の段階のうち、第一の野蛮の段階を二つに分ければ、前期はいわゆる無土器文化あるいは旧石器時代に、後期は縄文文化の時代にあたる。第二の未開の段階の前期は、弥生文化の時代、後期は前期古墳の時代にあたる。（石母田「古代史概説」『岩波講座日本歴史1』一九六二年、三～四頁）

これは、日本史学の画期をなす六〇年代初頭に書かれた石母田正さんの著名な古典的論文の一節です。院政期にいたるまでの古代史全体を見通した優れたお仕事だと思います。エンゲルスの『起源』がテキストになっていて、石母田さんは文字使用の点から日本は「四世紀末・五世紀に文明の段階にはいる」と判断しています。もちろんこれは、石母田さんが首長制論を立ち上げる以前のお仕事ですので、その点には配慮が必要ですが、「未開の高段階――鉄鉱の熔解をもってはじまり、表音文字の発明とそれの文書記録への利用とによって、文明へ移行する」（国民文庫、三三頁）というエンゲルスの整理が、ここでの文明化の判断基準になっています。

文字の使用を一つの指標とした『起源』の文明認識やそれを踏まえたこの段階での石母田さんの理解と、律令制という高度な国家統治システムの採用を日本における未開から文明への画期とした吉田さんの文明認識とは、大きく異なっています。吉田説は、従来の古代史研究の国家理解に異議申し立てをしているだけではなく、未開社会の文明化認識についても大胆な仮説を提示しているわけです。ではこの仮説は正しいのでしょうか。

吉田説が、帝国論と古代国家先取り説と未開社会の文明化論を、論理的に密接不可分の関係で結びつけていることは、前述したとおりです。そのために吉田説は、古代帝国の周辺の未開社会の文明化は国家の成立と同時か、ないしは国家の成立に促されて引き起こされたという主張になっています。誤解を恐れずに言えば、古代文明の周辺の未開社会では文明化と国家の成立の順序が逆転するという論理構成になっていて、私の判断ではこれが吉田説の最も大きな特徴だと思います。

でも、この考え方には少々無理があるように思います。前節の最初に引用した『日本の誕生』のなかで、吉田さんは次のように百済や新羅の国家形成を説明していました。すなわち「朝鮮諸国はいずれも、日本と同じように、漢字と中国の儒教・仏教を摂取し、中国の統治技術を継受しながら国家を形成した」と。ここには、中国古代帝国の周辺社会が国家を形成する条件として、漢字の採用、儒教・仏教の摂取、中国の統治技術の継受の三点が挙げられています。ところで、国家形成の前提条件であったこの三点は、実は中国古代帝国の周辺に位置する未開な社会の文明化を判断する指標の一部なのではないでしょうか。吉田説がエンゲルスの『起源』の主張から抜け出ている点はすでに指摘しましたが、「文明社会を総括するものは国家である」（国民文庫、二二九頁）という著名な一文が放つ輝きは、まだそれほど色あせてはいないように私には思えます。文明化の問題と国家の成立とは密接に関わる論点ですが、そこには一つの時間軸が通っていて、しかもこの二つは次元を異にする問題であることを、この一文は示しているからです。

三、『起源』再考

以上、二節にわたって吉田さんのお仕事を検討してきました。私が吉田さんの研究に惹かれるのは、未開社会の文明化の問題を日本古代史研究の課題として明確に意識し、それを『起源』から抜け出たところで論理的に構築していたからです。そしてその検討の結果、文明化の認識の問題にたどり着きました。私には随分と荷の重い課題ですが、最後に『起源』を素材にしてこの問題を考えてみることにします。

ここで『起源』を取り上げるのは、その復権を意図しているからではもちろんありません。これまでの古代史研究で『起源』がテキストとしての役割を随分と担ってきたからです。東西冷戦構造の崩壊後、日本史学のなかにも従来の進歩史観的考え方を相対化する発言が増えてきたように思います。学問の進歩を下支えする意味で、そのような動きを私は歓迎します。しかし、現在の社会的動向を背景にして従来の進歩史観の議論を否定するような論調には賛成できません。戦前・戦中の諸研究を、侵略戦争に協力したかどうかという理由で選別し、たいした検討もしないままその多くを斬って捨てた戦後歴史学（日本史学に限りません）の轍を踏んではならないと思うからです。

ところで、一節に掲げた吉田晶さんの指摘によれば、「戦後の日本古代史で重視されてきたのは『起源』とくに第九章に要約されている国家の指標であった」とのことですが、第九章「未開と文明」の課題は、そのような国家の指標の提示だったのでしょうか。結論を先に述べれば、章題から判断しても国家の指標の提示がこの章の目的でないことは明らかです。ここで展開されているのは、未開社会の文明化の問題です。長くなりますが、関係箇所を引用したいと思います。

①結びにあたってわれわれは、すでに未開の高段階において社会の氏族的組織を掘りくずしつつあり、ついで文明の開始とともにこれを完全に除去した、一般的な経済的条件を研究しよう。（二〇六頁）

②牧畜種族が残りの未開人大衆から分離した。これがすなわち、最初の大きな社会的分業である。……これにともなって、規則的な交換がはじめて可能になった。（二〇八頁）

③それ以前の諸段階では、交換はときおりおこなわれえたにすぎない。武器や道具の製作における特別な技能から一時的な分業がおこるということはありうる。……この段階では、どんなばあいにも、種族内部の交換以外の交換は成立できなかったし、そういう交換さえ、あくまで例外的な出来事であった。（二〇八〜二〇九頁）

④ところが、ここで牧畜種族が分離したあとでは、相異なる種族の成員のあいだの交換のため、この交換が規則的な制度として発達し確立するための、いっさいの条件がそなわったことを見るのである。……牧畜種族がその隣人たちに交換でわたした主要物品は家畜であった。家畜は、他のすべての商品がそれで評価され、いたるところでよろこんで他のすべての商品と交換にうけとられる、そういう商品となった。――要するに、すでにこの段階で、家畜は貨幣の機能を得、そして貨幣の役目をはたした。すでに商品交換の発端において、

こうも必然的にまた急速に、貨幣商品の需要が発達したのである。(二〇九頁)

⑤最初の大きな社会的分業は、労働の生産性を向上させ、したがって富を増大させるとともに、また生産分野を拡大させるとともに、当時の全歴史的条件のもとでは、必然的に奴隷制をもたらした。最初の大きな社会的分業から、二つの階級への社会の最初の大分裂が生じた。すなわち、主人と奴隷、搾取者と被搾取者への。(二一〇頁)

⑥第二の大きな分業がおこった。すなわち、手工業が農耕から分離したのである。……生産が農耕と手工業との二大主要部門に分裂するとともに、直接に交換のための生産、すなわち商品生産が成立する。それにともなって、種族の内部とその境界とにおいてだけでなく、すでに海外との商業も成立する。しかし、これらはみな、なおきわめて未発達である。(二一一～二一二頁)

⑦自由人と奴隷との差別にならんで富者と貧者との差別があらわれる。——新しい分業にともなって諸階級への社会の新しい分裂があらわれるのだ。(二一三頁)

⑧こうして、われわれは文明のしきい口に到達した。文明は分業の新しい一進歩によってひらかれる。……文明は、とりわけ都市と農村の対立をするどくさせて、これらすべての既存の分業をかためつよめ、さらにこれに、第三の、文明に固有な、決定的に重要な分業をつけくわえる。すなわち、文明は、もう生産にはたずさわらないで生産物の交換にだけたずさわる一階級——商人をつくりだす。(二一五頁)

⑨氏族制度は、なんらの内部対立も知らない社会から成長してきたものであって、またこのような社会にだけ適合したものであった。世論のほかにはなんの強制手段ももたなかった。ところが、いまここに成立したの

は、その全体的な経済的生活条件のおかげで、自由人と奴隷、搾取する富者と搾取される貧者とに分裂しないではおれなかった社会、これらの対立をふたたび和解させえなかったばかりか、ますますこれを激化しないではおれなかった社会であった。このような社会は、これらの階級相互間のたえまない公然たる衝突を抑圧し、階級闘争をせいぜい経済的な分野で、いわゆる合法的な形態でたたかわせる、第三の権力の支配のもとでのみ、存立できるのであった。氏族制度は寿命をおえていた。それは、分業とその結果たる社会の諸階級への分裂とによって破砕されていた。それは国家によってとってかわられた。（二一九～二二〇頁）（この後、戦後の日本古代史が重視してきた著名な国家定義とその特徴の指摘がなされる）

⑩文明とは、分業、それから発生する個々人のあいだの交換、およびこの両者を包括する商品生産が、完全な展開をとげて、それ以前の全社会を変革するような、社会の発展段階である。……文明社会を総括するものは国家である。それは、すべての典型的時期には例外なく支配階級の国家であり、そしてあらゆるばあいに、本質上、被抑圧・被搾取階級の抑圧のための機関である。さらに、文明の特徴をなすものは、一方では、社会的総分業の基礎としての都市と農村の対立の固定化であり、他方では、所有者がその死後までも自分の財産を処分できるようにする遺言制度の導入である。（二二六・二二九頁）

⑪このような根本制度をもって文明は、古い氏族社会の力にはとうていおよばなかった事がらをなしとげた。しかし、文明がそれをなしとげたのは、人間のもっともけがらわしい衝動と欲情をつきうごかし、人間の他の資性の全体を犠牲にしてそれを発展させることによってであった。あからさまな所有欲こそ、その最初の日から今日まで、文明の推進的精神であった。一にも富、二にも富、そして三にも富、しかも社会の富では

なくて、この一人一人のみじめな個々人の富、それが文明の唯一の決定的な目的であった。(二三〇頁)

先に述べたように、国家の指標の提示がこの章の目的でないことは明瞭です。文明化をもたらす一般的な経済的条件の考察がここでの課題です(以上①)。したがってこの章のキーワードは分業・交換・商品・商人・富・階級であると判断できます。そして未開と文明に氏族社会と国家が対応しています。ここでの要点を整理すれば以下のようになると思います。

最初の社会的分業(牧畜・農耕)の成立が交換の規則的な制度化とその発展をもたらすこと、またそれは急速に貨幣商品の需要を発達させること(以上②④)。第二の分業(手工業)の成立によって、商品生産が成立し、未発達とはいえ海外との商業も成立すること(以上⑥)。未開から文明へ移行すると第三の分業(商人)が成立すること(以上⑧)。文明を生み出し推進したのは、富に対する人間の所有欲であったこと(以上⑪)。最初の社会的分業や第二の分業は社会の諸階級への分裂を引き起こし、その階級闘争が文明社会を総括する国家の成立をもたらすこと(以上⑤⑦⑨⑩)。

しかし、この論理展開には無理があります。まずすべての出発点となる③が成立しないと考えられます。「この段階では、どんなばあいにも、種族内部の交換以外の交換は成立できなかった」と判断する理由は、その段階が富の存在しない原始的な共産主義社会と想定しているからではないでしょうか。エンゲルスにとっては自明の前提なのでしょうが、これは結論が先にある議論になっていて、説得的ではありません。

さらに、最初の社会的分業はなぜ起こったのか、論理的に不明である点も問題です。その理由は、エンゲルスのここでの議論が、分業の成立→交換・富の成立→欲望の成立という論理構成をとっているからでしょう。私は、歴史の順序は全く逆であったと考えています。すなわち、欲望の存在→交換・富の成立→分業の成立という流れを想定します（この点は「はじめに」の④参照）。少なくとも、社会的分業が成立するためには交換の発達（大きな意味での交通の発達）が前提になければならないはずです。交換によって生活が成り立つ見通しがなければ、種族単位で分業が成立することはまずあり得ないからです。その点だけで言っても、エンゲルスの議論は不完全だと思います。

それでも、発達した分業・交換・商品生産が生み出す富や富者、あるいは都市や商人と、文明との関係の指摘（⑧⑨⑩）は、文明化の指標を考える場合やはり参考にすべき点だと思います。但しここで注意しなければならないのは、前述したように、これらの指標（たとえば都市や商人）はエンゲルスが判断した文明化の一般的な経済的指標にすぎないという点です。前節で触れましたが、石母田さんが文明化の指標として注目した文字の使用（これはモルガンの主張に依拠した第一章に出ています）がここには顔を出していないことからも、それは明らかです。『起源』からは、文明化の指標を十分に引き出すことはできません。かといって、国家の成立を文明化の指標とするのは、時間の流れを軽視することになりかねません。

「文明」という用語は、「文化」と同じく、よく使われるが、ほとんど定義のされていない言葉である。……多くの考古学者によって定義された文明とは、……複雑な社会のことで、明確な社会構成をもつ。すなわち、通常そこでは、王や神官が都市に住み、フルタイムの専門職人がさまざまな上等な品物を作り、王宮とか神殿、あるいは都市社会とかに基礎を置いて、恒久的な中央集権的組織が、しばしば文字を用いつつ機能する。……ある特定の古代文化を文明とみなすかどうか、それを決めるとき、考古学ではいくつかの目に見える特徴を探すわけであるが、そのなかにはつぎの三点が入っている。すなわち、相当程度の人口集中を示す町、神殿とか宮殿とかいった記念碑的建造物、そして文字である。文明とよんでよいような社会のほとんどが、これら三つの要素のうち少なくとも二つはもっている。（C．レンフルー『文明の誕生』岩波現代選書、一九七九年、二三一～二三二頁）

これは考古学者レンフルーのよく知られた文明に関する記述です。ここにも文明化の指標になりそうな事項が挙げられていますが、私がここで注目したいのは、数多くあげることができそうな文明化の指標も、様々な文明に共通する事項で一般化していくと、せいぜい二つから三つ程度に絞られてしまうという点です。もちろん、この二から三という数は考古学における「目に見える特徴」の数ですから、実際にはこれより数多い指標を発見することが可能であるとは思いますが、ここでは文明化を示す一般的指標は、日本など個別事例の検討にはあまり役立ちそうもないということが確認できれば十分です。

では、なぜこのようなことになるのでしょうか。それは、同じように見える文明であっても、地理的環境と固有の歴史に支えられて文明化が起こっているからです。一つの地域や特定の社会の文明化を考察する場合には、その個性に注目する必要があるということになります。

ところで、この文明の個性はどのようにして検証できるのでしょうか。『起源』にもう一度立ち戻ってみましょう。エンゲルスが文明化の問題で注目したのは、都市や商人や国家など「現代」に至るまで継続的に存在し、社会に対して影響を及ぼし続けるような一般的なあるいは経済的な諸要素でした。未開と対比される文明は、古代に出現して「現代」にまで及ぶものとしての文明です。エンゲルスが古代の文明化を論じるとき、その視点の背景に一九世紀の諸問題があったことは、改めて言うまでもないことと思います。では、日本の古代の文明化のような固有の事例を考える場合には、何に注意すべきでしょうか。それは、文明の継続性だと考えます。文明の個性は、文明化の前史だけからではなく、文明の歴史（文明の時間）の中で総合的に検証される必要があると思います。

したがって、次に取り組むべき課題は以下のようになるでしょう。それはすなわち、古代の日本を文明化したその文明、日本の古代に立ち現れた文明はいつまで継続したのか、という問いです。そしてこの問いは、おそらく古代史研究の枠をすでに抜け出ているはずです。

おわりに

先の課題の答えを、私はまだはっきりとはつかんでいませんが、日本の古代に立ち現れた文明が古代とともに終了していないことは確かだと思われます。中国古代帝国の周辺社会が国家を形成する条件として吉田さんが挙げた、漢字の採用、儒教・仏教の摂取、中国の統治技術の継受の三点を中世との関係で考えてみると、律令制は確かに中世にも影響を及ぼしていますが、漢字や儒教や仏教が中世社会に与えた影響の方がはるかに大きいと思います。先に二節のなかで、これを「中国古代帝国の周辺に位置する未開な社会の文明化を判断する指標の一部」と判断した理由はここにあります。

ところで、この文明は日本固有のものではなく、中国の古代文明と連動した文明でした。したがって、たとえば平仮名のような日本固有の要素が次第に生み出されていったとしても、中世の日本には古代中国の影響が色濃く残存し、それは史料上にも頻繁に顔を出していると考えられます。最後になって、ようやく議論を中世まで引き下ろしてきましたが、与えられた紙数はすでに尽きていますので、その検討は別の機会に譲ることにします。

古代観をめぐる闘争

小路田　泰直

はじめに

私には、今高校二年生になる娘がいるが、大学受験に向けては、迷った挙句、日本史ではなく、世界史を勉強することにしたらしい。若し真面目に相談を受けていたら、私のことだから、君もこの社会に生まれ育ったのだから日本史を勉強してみたら、といっていたかもしれない。しかし言わなくてよかったと、後で、思った。それはある日、娘が、母親に向かって、感慨を込めて次のように語りかけているのを聞いたからだ。「お母さん、人間の智恵ってすごいね。何千年も前に、人間は物凄いものをつくっていたんだね。」と、大体このようなことを、小学生的にではなく、高校生的に、語りかけていた。それがどうしたといった反応をする母親に対して一方通行的な語りかけではあったが、語りかける彼女の目は生き生きしていた。その物凄いものが、何をさしていたのかは、もう私の記憶に定かではないが、この古代文明に対する感嘆の声を、娘の口から聞けたことで、私は、この子は世界史を選択して本当によかったんだなと思うことができた。人間に対する深い感動をもつこと、それを通じて、その人の一員である自分に強い自尊心をもつこと、それが歴史を学ぶことの一つの効用だろうと思うからである。

そしてふと思った。もしこの子が日本史を選択していたら、同じ感慨を歴史に対してもてただろうかと。というのも、日本史には、そもそも古代文明というものへの関心が欠如しているからである。日本史では、歴史の始まりは未開・野蛮であって、文明ではない。次のような世界史との対比で書き始められる歴史、それが日本史なのである。

紀元前七〇〇〇年ごろ、エジプト・メソポタミアの「肥沃な三日月地帯」とよばれる地域で、農耕・牧畜がはじまった。やがて強力な帝王の支配のもとでピラミッドや神殿などの巨大な建造物がきずかれ、象形文字や楔形文字で記録する方法も考え出された。農耕・牧畜の文化は、約四〇〇〇年の間に、西はヨーロッパから東は中国にいたるユーラシア大陸に広まり、西方ではギリシア・ローマ文化、東方では漢文化・インド文化を開花させ、ローマ帝国と漢帝国との間には、シルク＝ロード（絹の道）とよばれる東西交流の道もひらかれた。

（中略）

このような世界の動きに対し、更新世の旧石器文化から完新世の縄文文化へと進んだ日本の社会は、中国・朝鮮半島の農耕文化の影響を受けて弥生文化を生み、国家の形成を進め、律令制を導入して古代国家をきず

いた。(『詳説日本史』山川出版社、四ページ)

世界史の起点には古代文明があるが、日本史の起点にはそれがない。「一部にコメ・ムギ・アワ・ヒエなどの栽培もはじまっていた可能性が指摘されている」(同前九ページ)とか、「外洋航海術を持っていた」とか「青森県三内丸山遺跡のように集合住居と考えられる大型の竪穴住居がともなう場合もある」(同前、一〇ページ)とかいった様々な留保条件はつくが、結局は次のように評価される長い、未開の時代＝縄文時代しかない。

本格的な農耕の段階には達していなかった。(同前、九ページ)

列島社会が文明に触れるのは、世界よりはるかに遅れて紀元前四世紀ごろということになっているのである。こうした記述を読んで、近代人としての古代人に対する優越を感じる人はいたとしても、私の娘のもったような、人間の知恵の深さ、大きさに対する感動を覚える人はいないだろう。

したがって結果的に、私の娘は世界史をとってよかったのである。しかし考えてみれば、何とも寂しい話しではあるが。

しかし今、その寂しい話しが、そうでもなくなり始めているのである。日本の歴史においても、我々がこれまで「日本の歴史」の時間帯と思ってきた時間帯のもっと向こうに、それなりに高度な文明を備えた社会の存在したことが、徐々にではあるが着実に――時としては巨大な驚きをともないながら――証明されつつあるのである。

青森県の三内丸山遺跡の発見によって、かつてであれば自給自足の狩猟・採取経済の時代とされてきた縄文時代が、都市もあれば交易もある、農耕もあれば手工業もある時代へとその相貌を変えつつある。縄文の一万年が、未開の側から文明の側に組み入れられる可能性が出てきた。

またここでのテーマだが、C一四測定など自然科学の発達により、弥生時代の始期が五〇〇年も遡り、列島における稲作文化の定着の度の深さが、改めて浮き彫りにされつつある。

これらのことは、小国家の成立から、大和朝廷の成立、律令制国家の形成へと進む一連の歴史――いわば今日に直結する歴史――が始動するはるか以前に、我々がまだ知りえない、何らかの文明の歴史が、列島上に展開していたことを、暗に示してくれているのである。

日本史を論じる場合にも、「古代文明」の問題は、今や欠かせない問題になり始めているのである。あと一〇年後であれば、娘も日本史をとってもよかったのかもしれないと、ふと思ったりもする。

そして私にはそれが当然のことのように思える。むしろ遅きに失した発見のようにも思えるのである。というのも、人は本質的に交換・交易をすることによって生きる動物であると思うからである。

人間が社会的動物であることを認める人たちが、なぜそのことを認めないのだろうか。私はいつも不思議に思う。人が社会的であるということは、人がただ集まっているから社会的なのではない、異なった役割を担い、分業を編制しているから社会的なのである。分業とは、そもそも交換・交易を内包している。人がしばしばイメージする自給自足の社会など、人間社会をどこまで遡ってみても、実はありえない。少なくともヒトが人になってから以降はありえないのである。

だとすれば、指呼の間にある大陸において「古代文明」が生まれていて、しかも何千年の歴史を刻んでいながら、その影響が列島に全く及ばないなどといったことは、考える方が難しい。だから日本の歴史を考える上においても、今日に直結する歴史の、もう一つ向こう側に、「古代文明」の存在——もしくは影響——を考えることは、やはり自然なことのように私には思えるのである。

ただし、その存在の仕方が、大陸が「都」であれば、列島は「鄙」といった形の存在の仕方であったことは当然考えられる。都と鄙——華と夷——への空間の分裂もまた文明の属性（交易の必然）だからである。その文明の「鄙」的存在形態を、多くの研究者たちは、未開・野蛮と見間違えたのではないだろうか。私にはそう思えてならない。

Ⅰ．古代観の転換と戦前歴史学

さてそこで次に確認しておきたいのは、では、その事実があったとして決して困らない歴史観というものは、これまでなかったのかということである。

それはあった。例えば美術史の推移を、かつて私が書いた一文を引用すると、次のように説明した岡倉天心の歴史の見方がそれであった。傍線を附した部分を読んでいただきたい。

・・・岡倉天心の思想の特質とはいったいどこにあったのか。……「未開」「野蛮」を「物質のために精神を拘束された」状態、「文明」を「精神を以て物質に打勝つの謂」ととらえた点にあった。「精神による物質の征服こそ、世界を動かしてきた力の目ざし務める目的であり、そこで東洋においても西洋においても文化の各段階を画しているものは、こうした征服、勝利の態度の強化であった」、こうした文明観をもった点にあった。

その文明観に従えば、人間の内面に欲望（物質）と理性（精神）の葛藤があるとすれば、未だ欲望が理性にまさる状態は未開・野蛮であり、その欲望を理性が制御できるようになった状態が文明であった。

エジプトのピラミッドや、日本の奈良の大仏のように、人は所詮物質的であることを前提に、だから人間界の外に理想界を想定し、それを表すのに受け手の理解力を考えて「其物質の多大」「物質的の偉大」をもってした結果生まれた美術は未開・野蛮の美術であり、逆に、人が自らの内面に理想を発見し、それを実現するために生みだした美術は文明の美術であった。

（中略）

（そこで天心の描く美術史に）少し解説を加えておくと、次の通りである。

「精神による物質の征服」こそ文明なのだから、日本人が自らの物質性（即物性）をこえて、抽象的にあるべき自己を構想しそれを表現しえたときに日本美術史は始まった。ではいつ日本人は自らの即物性をこえたのか。仏教を受容し、「抽象的な観念論」をようやく吸収し始めたときにこえた。その意味で「抽象的な観念論の源流が日本の思想に影響を及ぼし始めた時代」としての「飛鳥時代」こそ、日本美術史の揺籃期であった。決してそれ以前の時代ではなかった。

しかし揺籃期は所詮揺籃期であった。この時代、人は「抽象的な観念論」を手に入れたとはいっても、人間そのものは決して自らの即物性を克服することはできないということを前提に、「人界」の彼岸に理想をつらねた「仏界」を想像し、その「仏界」の感化によって「人界」の理想化、精神化をはかろうとした。だから美術も必然的に、彼岸の「仏界」を物質的に象徴する仏像や仏画によって占められるようになった。そしてその結果、狭い意味での「奈良時代」――「天平時代」――に入ると「かつて仏教が可能にしたインドの抽象的・普遍的な遥かなヴィジョン…直接認識」も、たちまち「低劣で硬化した象徴主義」へと「卑俗化」していった。

だが「弘仁時代」に入ると一つの革命がおきた。空海が「即身成仏」を唱え、人が人のままで仏になれることを説いたことによって「人界」と「仏界」の融合が始まった。人の内面にその即物性（人性）を克服する理性（仏性）のやどる可能性が本気で信じられるようになった。「精神と物質の結合という観念は、日本人の心の中で次第に強くなり、ついにはこの両者の完全な融合が達成されるに至」った。

そうなると美術もまた変化した。「奈良朝時代」は一貫して「仏界」の理想を象徴化する役割をはたしてきた仏像や仏画も、ひるがえって、人が「人界」に居ながらにして「仏界」に入っていくための、手助けをしてくれる――人のサポーターとしての――仏像・仏画へと変化した。（中略）

しかし「人界」と「仏界」が融合したとはいっても、「藤原氏時代」の「人界」と「仏界」の融合の仕方には限界があった。「その融合がむしろ物質の方に中心をおき、象徴そのものが現実とされ、平凡な行為があたかも至福であり、世界全体がそのまま理想界であるかのように見なされる」際限なき現実肯定主義へと逆転してしまう危険性が実は多分にあった。事実「藤原時期」に入るとその危険性は現実化し、美術の享楽化が無限に進行してしまった。

「人界」と「仏界」の真の融合が達成されるためには、人が「我」と「汝」の死と真剣に向き合い、「封建的な権利と個人意識という観念が十分な発達をみた」「鎌倉時期」という一時期を経ることが必要であった。と同時に、儒教・仏教・道教、三教が一体となって宋代中国に生まれた禅宗の影響を受けることが必要であった。

かくて「足利氏時代」に入って、かつて空海の切り開いた「人界」と「仏界」の融合はようやく完成した。人は彼岸の理想に拝跪することによってではなく、自らの内面を規律する理性を自覚することによって、仏性を手に入れ、自らの物質性を抑制することができるようになった。（『日本史の思想』柏書房、一九九七年、四二〜四八ページ）

天心は、我々のいう未開・野蛮を未開・野蛮と表現したのではなかった。我々のいう「古代文明」を未開・野蛮と表現したのである。「精神」が「物質」を抑えることができないから、「精神」の偉大さを表現するのに、「物質」の大きさ――ピラミッドや大仏の大きさ――、あるいは壮麗さとしてそれを表現する（偶像化する）時代、それを未開・野蛮と表現したのである。逆に「精神」による「物質」の圧倒が完成するが故に、禅の簡素さが生まれる時代、それを文明と表現したのである。

これならば、言葉は未開から文明へであるが、初発における「古代文明」の存在を無理なく包摂することができる。

あるいはまた、我々が余り厳密にではなく皇国史観と呼ぶことの多い、戦前の復古史観も、実はその事実を十分に包摂することのできるもう一つの歴史観であった。というのも、復古史観というのは、歴史の初発を、次のような言説でもって語る歴史観であったからだ。

第一紀　神人無別の世　第一章　国史は伊弉諾尊《いざなぎのみこと》、伊弉冉尊《いざなみのみこと》に始る。二尊始て磤馭廬嶋《おのころじま》に降る。淡路小嶋是なり。八尋殿を立て都と為し。大八洲を生成す。大八洲とは。淡路、伊予〔二名洲と云う〕筑紫、壱岐、対馬、隠岐、佐渡、大倭〔豊秋津洲と云う〕なり。国民の生意は。国史以前より已に発達し楠船を造り。河海山野風水を利用し。農耕糞培を為し。稲穀蚕桑を殖し。馬を牧し。酒を醸し。製陶冶金して器用を贍し。百事略具足せり。貴人は衣裳冠褌あり。刀剣を佩び。頭に櫛鬘。頚に頚珠。手に手纒あり。勾玉を綴り統となして飾りとす。祭祀は宮に大嘗殿、斎服殿あり。女工を置て祭服を織り。触穢には川に祓禊し。疑事は太占に問う。国俗特歌詠を尚び。情を通じ思を陳べ。又之を軍事に用う。音楽あり。歌舞あり。諾冉二尊三子を生む。（以下略）（『稿本国史眼』一、大成館、一八九〇年、一ページ）

これは、帝国大学の歴史教科書『稿本国史眼』の冒頭の一節であるが、イザナギノミコト、イザナミノミコトが最初に日本列島を生み、最後にツキヨミノミコト、アマテラスオオミカミ、スサノヲノミコトの三貴子を生むまでの間に、すでに日本列島には人が住み文明が栄えていたとする言説である。

あまりに荒唐無稽な言説なので、読者には、かかる言説は、『国史眼』の著者の特異な性格に起因するもののように映るかもしれないが、次に掲げる――ここでは一例しかあげないが――戦前期日本の歴史教科書（小学校）の叙述をみれば、それが決して特異な言い方ではなかったことがわかる。

『小学国史』（文部省、一九四〇年）

（天照）大神は、きわめて御徳の高い御方で、はじめて稲・麦などを田畑にお植ゑさせになり、蚕をおかはせになつて、万民をおめぐみなつた。（『日本教科書大系』第二〇巻、講談社、一九六二年、一二七ページ）

ここでもアマテラスオオミカミの時代に既に文明があったことになっている。歴史の初発にまず文明ありきということを前提に、歴史を説き起こすのが、実は復古史観（皇国史観）の特徴だったのである。そしてそれは当然であった。復古史観が復古史観であるためには、歴史の初発に帰るべき理想社会が存在しなければ、論理上、整合性を欠くからである。

このアマテラスオオミカミ以前的文明の存在を、「古代文明」に置き換えさえすればいいのである。それで、復古史観も、岡倉天心の歴史観同様、「古代文明」の存在を、無理なく受け容れることができるのである。

そして事実、今日その置き換えはなされつつある。西尾幹二ら「新しい歴史教科書をつくる会」派の人たちの歴史学が、その置き換えを進めている。

最近話題になった西尾の『国民の歴史』が、「まず古代という概念だが、これは縄文時代を原始時代として、歴史概念のなかに入れないで考えてきたが、近年の発掘調査のいちじるしい進展の結果、文明度のきわめて高い社会であったことが判明している。縄文晩期の灌漑をともなった稲作が始まった頃から、古代の開始としてほぼさしつかえないであろう。」（西尾幹二『国民の歴史』扶桑社、一九九九年、五一ページ）との、縄文文化への高い評価を前提に、日本の歴史を書き始めていることに、我々は目を向けなくてはならない。

かつては荒唐無稽にしか語りえなかった始原的理想社会の存在を、縄文時代研究の進展を背景に、実証的に語りえるようになってきているのである。

これは戦前は主流であった復古史観が、古代以前的「古代文明」の存在を、さほど無理なく受け容れることのできる歴史観であったことを証明している。

Ⅱ．古代観の転換と戦後歴史学

だが、しばしば戦後歴史学と呼ばれる今日主流となっている歴史学にとっては、やはりその事実は、それほど簡単に受け容れられる事実ではない。弥生時代が五〇〇年遡るという発表があってから以降の、その発表に対する反発の大きさを聞くにつけ、そう思う。

そしてそれは当然だとも思う。なぜならば、戦後歴史学の原点にあるのは、一五年にわたる侵略戦争（満州事変から太平洋戦争）に対する反省であり、それを支えてきた上記の復古史観に対する拒否の姿勢だったからである。

だから、戦後歴史学はどちらかといえば、この国の古代史を、可能な限り発展の遅れた原始的な社会の歴史として描くことに力を注いできた。まさに戦前の復古史観に対する反動からであった。

さらに、『日本書紀』の記述を多少なりとも信用し、例えば大化の改新は実在したなどという者が現れようものなら、たちまち次のような激しい攻撃を浴びせ掛けてきた。

「大化改新」とよばれる日本古代の画期的な政治的事件は、すぐれて近代の歴史研究の所産である。勿論、それは伝説的世界としてのみ存在したトロイヤが、ブルジョアジーの古代への情熱によって、廃墟の遺跡として発見されたというような性質のものではない。「大化改新」は、官撰の史書『日本書紀』の記載をもとにして、近代の史学が学問的認識として観念的に再構成したものなのである。……書紀の本質は、津田が明快に論じたように、古代天皇制の存在理由を明らかにするための史書ということにあり、支配階級の手になる、支配階級のためのものである。それは、客観的歴史過程の記録でもなければ、また史料集でもない。書紀のもつこの本質的性格からして、事実の歪曲や、作為は必然的に随伴するのであり、その作為や歪曲を合理化し、近代天皇制の観念と重複させつつ古代天皇制の歴史像を捏造する超歴史主義的・ブルジョア的史学との対決は、書紀編者の記述の背後にある客観的事実そのものを掘り起し、書紀の歪曲と作為を徹底的にあばきだすということを通してのみ、真実可能となるのである。記紀批判とは、本質的には、文献学とか史料操作などという技術的問題ではなく、記紀が近代天皇制支配の歴史的根源を示す「神典」とされるかぎり、すぐれて思想闘争の問題として自覚されなければならなかった。（原秀三郎「大化改新論批判序説――律令制的人民支配の成立過程を論じていわゆる「大化改新」の存在を疑う――」（上）『日本史研究』八六号、一九六六年）

要はブルジョア的だという殺し文句を使って。傍線部などは、原の描く古代史も、結局は原的な「歪曲」や「作為」の所産であることを免れ得ないことへの自覚を欠いている点を除けば、決して間違ったことをいっているのではないと思うが、表現が最近のポストモダン派なみに過激で威圧的である。

いかに戦後歴史学にとって、文明的古代像を否定することが大事であったかが、実感される。だから、戦後歴史学にとって古代以前に「古代文明」があったなどといったことは、到底受け容れ難いことなのである。

しかし、だからといって事実を無視していいということにはならない。事実は、もしそれが事実であったとするならば受け容れるしかない。受け容れた上で、その事実をも包摂しうる新たな古代史像の構築に取り掛からなくてはならない。歴史学も学問（科学）である以上、それは当然のことである。

しかも、それは急がなくてはならない。なぜならば、その古代以前的な「古代文明」の存在は、下手をすれば、歴史学の存在価値そのものを抹殺しまいかねない程のインパクトをもった事実だからである。

その場合、私の念頭にあるのは、マックス・ヴェーバーが、一九〇七年ごろ、歴史学者から社会学者に転向したきっかけを次のように語った山之内靖の問題提起である。

……しかし、この『古代農業事情』第三版では、彼の理念型的構成方法は、すでに『客観性』論文を脱却し、個性認識を超えて一般的適用可能性を目指す方向へと進んでいます。ヴェーバーは歴史学段階を超えて、社会学段階にはっきりと進み入ったのです。

ヴェーバーの頭の中には間違いなく、次のような構図が描かれていました。地中海世界は、ペルシャ戦役の勝利を通してオリエント型のライトゥルギー国家になる道をいったんは克服し、祭司階級と結合した神権政治が成立する可能性をはっきりと退けた。これが、ペルシャ戦役におけるギリシャの勝利の意味である。しかし皮肉なことに、ポリス世界がヘレニズム時代におけるように、あるいは中期以降のローマのように帝国化し、オリエント世界をもその版図の中に収めるようになると、ポリス的構成は衰弱してゆき、支配のもとにおいたはずのエジプトからライトゥルギー原理が浸透してくる。そしてついには、ライトゥルギー原理による普遍的統合が完成されることになる。

右の構図が与える印象は、時間とともに進化していく歴史というイメージではなく、内部にドラマを孕んだ巨大な循環のイメージです。そして、この循環の輪は、最終的にはライトゥルギー国家によって閉じています。（山之内靖『マックス・ヴェーバー入門』岩波新書、一九九七年、一九二〜一九三ページ）

沢山の補足を必要とする文章なので、とりあえず傍線部だけをみていただきたいのだが、この『古代農業事情』第三版におけるヴェーバーの発見というのが、実は、「古代には、確かに一見すると自由な商品経済と見まがうものが広く見出せる。また、一見すると自由人労働と見えるものも展開している。しかもそれらも、オイコスと同じように、古代の強大は国家権力によって大きく制約されていたのではないか。」(同前、一八二ページ)との発見のことを意味している。ライトゥルギーだオイコスだといった小難しい表現は一応おくとして、大体の意味はつかめるだろう。

自給自足的で共同体的であったはずの古代が、賃労働もあれば交易もある社会に見え始めたとき、ヴェーバーは歴史から発展という概念を取り去り、それを「循環」ととらえるようになったのである。だから彼は、歴史学の不毛に気づき、社会学に学問の方向を切り替えたのであると、山之内はこう述べている。

私には、これは、ヴェーバーの考え方というよりも、山之内自身の考え方のように思えてならないのだが、それはさておき、古代以前的な「古代文明」の存在という事実は、この山之内のような発想を——確実に——産み落とすのである。

もしこの山之内のような発想が一般化すれば、当然歴史学は存在する意味を失う。あるいはこれまでと全く質の違った学問になる。だから、古代以前的な「古代文明」の存在を視野に入れた、新たな歴史理論の構築は、我々にとって焦眉の課題になっているのである。自らが存立の危機に立たされたとき、七転八倒しない者は、誰もいない。そうする権利は誰もがもつからである。

それに加えて、上に述べた如く、縄文時代研究の進展が、かつての復古史観に、新たな装いと説得力を与えているように、古代史像の争奪戦は、この国において、今なお思想戦の様相を呈しているからである。戦後歴史学が一定の政治性を帯びて誕生した歴史学である以上、その思想戦への参戦は、避けて通れないからである。

Ⅲ．歴史学の新たな課題

さてそれでは、古代以前的な「古代文明」の存在を受け容れ、新たな歴史理論の構築に向かうために、我々はいったい何をしなくてはならないのか。

私ならば、とりあえず、三つのことをしなくてはならないと思う。一つは、文献史学だけを歴史学とみなし、考古学や人類学など他の学問をその補助学とみなす、従来の歴史学の感覚を乗り越えなくてはならないと思う。古代以前的な「古代文明」のことを知ろうと思えば、文献史学の力だけで間に合わないのは当然のことである。あらゆる古代を対象とする学問が、平等の立場で古代史研究に参入するようにしなくてはならない。逆に文献史学以外の諸科学も積極的に歴史像について語らなくてはならない。

そして今一つは、『古事記』や『日本書紀』――とりわけ『日本書紀』――を、歴史書としては信用できない書物として、はなから排除する態度を改めなくてはならないと思う。

といって何も戦前のように、それらを「神典」扱いし、一から一〇まで信用しろといっているのではない。何を信用し、何を信用しないかを、改めて（考古学的）事実などに基いて精査すべきだといっているのである。

というのも、今や、文字が本格的に用いられ始める以前の、言葉と記憶の力だけによって支えられていた社会が、思いのほか高度な文化をもつ社会であったことが、明らかになりつつあるのである。だとすれば、『古事記』や『日本書紀』の書かれたときに、その作者たちが依拠した人々（例えば稗田阿礼）の記憶が、彼らの恣意によって如何様にも「歪曲」したり「潤色」したりすることのできるほど曖昧な記憶であったかどうかは、疑わしくなってきているからである。人々が鮮明に記憶していることを、「歪曲」したり「作為」したりすることは、たとえ権力者の力をもってしても、そうたやすく行えることではないように思えるからである。もっと俗な言い方をすれば、弥生時代の始期が五〇〇年も早まってしまうと、神武紀元が紀元前六六〇年に設定されていることをもって、ただちに『古事記』や『日本書紀』の記述の荒唐無稽さを言い立てることが、それほど当たり前のことではなくなってしまうからである。列島社会に紀元前七世紀に何らかの国家形成に向けての動きがあったとしても、それは必ずしもおかしなことではなくなってくるからである。

そして最後に、これまでの歴史学を支えてきた〝近代人的傲慢〟を、根底から払拭しなくてはならないと思う。さきほど、これまでの古代史は、律令制国家形成史の始動する以前の社会を、殆ど常識的に自給自足的で共同体的な社会とみなしてきたといったが、ここで指摘しておかなくてはならないのは、歴史研究者が自らの研究対象とする「当代」以前の「前代」を、自給自足的で共同体的な社会ととらえるのは、何も古代史研究者に限ったことではないということである。

最も典型的な例をあげておくと、近世から近代への移行というテーマをあつかったとき、近世史家の渡辺尚志は、彼にとっては「前代」である近世を次のように描いた。

本節では再び連光寺村に立ち戻って、第Ⅰ節では漠然と村と述べてきたものの内部構造、なかんずく村落共同体と村請制農村との関係の具体相を明らかにすることを課題とする。なおここで言う村請制村とは、連光寺村を指す。また共同体についてあらかじめ定義しておけば、①生産力の発展が相対的に低位の段階において、人々が物質的生産活動をおこなううえで不可避的に取り結ぶ社会関係、②その集団の成員の社会的生活過程における多様な要求が、基本的にはその集団内部で全て充足されるような全体社会、③人々が自由意志によって形成するのではなく、彼らにとっては所与の前提として立ち現れるような社会集団、という三つの要件を満たすような集団を共同体とする。（渡辺尚志「幕末維新期における村と地域」『歴史学研究』増刊号、一九九二年一〇月）

と。

ここでも、「前代」は自給自足的で共同体的な社会と捉えられているのである。この種の「前代」の描き方は枚挙に遑がない。

だから奇妙なことがおこる。歴史教科書において、時代の大きな変化を説明するのに、繰り返し同じ説明が現われてくるのである。さきにとりあげた高校生用教科書『詳説日本史』をもう一度とりあげるが、そこでは繰り返し、次のような説明が現われる。

① 肥料も刈敷・草木灰などとともに下肥が広く使われるようになって地味の向上と収穫の安定化が進んだ。また手工業の原料として、苧・桑・楮・漆・藍・茶などの栽培もさかんになり、農村加工業の発達により、これらが商品として流通するようになった。このような生産性の向上は農民を豊かにし、物資の需要を高め、

農村にもしだいに商品経済が浸透していった。この時代には、農民の需要にも支えられて地方の産業がさかんになり、各地の特色を生かしてさまざまな特産品が生産されるようになった。（一一五～一一六ページ）

② 生産の中心である米の多くは年貢として領主に取り立てられ、農民たちは自給自足の貧しい暮らしを強いられた。しかし、農業の生産力が急速に高まると、余剰米を商品としたり、桑・麻・綿・油菜・楮・野菜・タバコ・茶・果物などを商品作物として生産して販売し、貨幣を得る機会が増大した。こうした取引は城下町や在郷町の市場でおこなわれ、多くの村々はしだいに商品流通にまき込まれるようになった。こうして……それぞれの風土に適した特産物が全国各地に生まれた。（一八四ページ）

③ 多くの成果をあげた享保の改革の後、一八世紀後半は幕藩体制にとって大きな曲がり角となった。村々では一部の有力な百姓が、村役人をつとめて地主手作をおこなう一方で、手持ちの資金を困窮した百姓に利貸して村の内外で質にとった田畑を集めて地主に成長し、その田畑を小作人に貸して小作料を取り立てた。彼らは農村地域において商品作物生産や流通・金融の中心となり、地域社会を運営するにない手となった。こうした有力百姓を豪農とよぶ。一方、田畑を失った小百姓は小作人となるか、年季奉公や日用稼ぎに従事し、いっそう貨幣経済にまき込まれていった。こうして村々では、自給自足的な社会のあり方が大きく変わり、村役人を兼ねる豪農と小百姓や小作人らとのあいだの対立が深まった。（一九九～二〇〇ページ）

④　また地主・自作農の土地所有権が確立し、地租金納化がはじまると農村へ商品経済が浸透するようになった。（二四三ページ）

⑤　工業にくらべると農業の発展はにぶく、いぜんとして米作を柱とする零細経営が中心をなしていた。大豆粕などの金肥の普及や品種改良によって、単位面積当りの収穫は増加したが、都市人口の増加により、米の供給は不足がちになった。

一方、貿易と国内工業の発達にともなって、農家も商品経済に深くまき込まれ、自家用の衣料の生産は減少した。（二八一～二八二ページ）

①は鎌倉期から室町期にかけての、②は一七世紀の、③は一八世紀から一九世紀にかけての、④は明治初年の、⑤は明治末年から大正期にかけての、日本の農村を襲った巨大な変革の説明だが、個々には間違っていないのかもしれないが、何度も日本の農村は、商品経済に巻き込まれ「自給自足的な社会のあり方」を否定されているのである。何かしら奇妙なものを感じないだろうか。私は感じる。

結局いつの時代の研究者も、「当代」の成立を説明するのに、「前代」を、「当代」には至っていない、それどころか「当代」とは正反対の社会――個人もいなければ商品経済もない社会――と捉えることによってそれを行うから、このようなことがおこるのである。そしてそこには、本能的に現代を歴史の最高の到達段階と捉え、前近代を未開・野蛮の段階と捉える、現代人的傲慢が作用しているのである。

ということは逆に、律令国家形成史のスタートする以前の社会を自給自足的で共同体的な社会ととらえる多くの古代史家の感性も、実はこの現代人的傲慢に禍されてそうなっているのかもしれない。だから、古代以前的な「古代文明」の存在を視野に入れた歴史像を今後構築していくためには、我々の中に潜在する現代人的傲慢を、兎にも角にも抑制してかからなくてはならないのである。

むすびに

さてそれでは、歴史の起点に「確かに一見すると自由な商品経済と見まがうものが広く見出せる。また、一見すると自由人労働と見えるものも展開している」古代社会の存在を見出すことによって、はたして我々は――山之内の意に反して――復古史観以外の方法で歴史を描くことができるのだろうか。私はできると思っている。そこで注目しておきたいのが経済人類学者カール・ポランニーの次の指摘である。

経済的取引がいかにして出現したかの質問に答える…真の説明は、十九世紀の経済合理主義が提起したのとは、まったく反対の方向にある。交換は人間の絆のなかで最も不安定なものであり、共同体の妥当性に役立つものとされたときに、その経済にひろがっていった。要するに、経済的取引は非利得的になりうるときに、可能となったのである。同胞の食糧を犠牲にして利己的な利得を手に入れるさいに、連帯にたいする危険をなくすには、まずそうした交換に本来存在する不公平な要素を取り除く必要があった。これは神そのもの代理人の名において、等価の布告を行うことで達成された。交換の行動を合法化するには、交換されるべきものの等価性を確立する必要があった。メソポタミア諸国家の特性はこれを達成させたのであるが、この特性は、公正の源泉として国家によって承認されて以来ずっと、人びとによって高く評価されてきた。（カール・ポランニー『人間の経済』Ⅰ、岩波書店、一九八〇年、一二六～一二七ページ）

私は先に、人が人であるためには交換は不可欠だと述べた。しかし、ポランニーはさらに一歩進めて、「同胞の食糧を犠牲にして利己的な利得を手に入れる」交換という行為が成り立つためには、それが社会の「連帯」に対して及ぼす「危険」を取り除くために、何らかの再分配システム（制度）の構築が予めなくてはならないとまで述べている。

もしこのポランニーの指摘が的を射ているとすれば、我々の社会は、その初発の段階から、「神そのものの代理人の名において、等価の布告を行うこと」のできる権力的な主体を内包し、そのことに伴う緊張（社会的軋轢）をはらみながら存在し続けてきたことになる。我々に馴染み深い言い方をすると、神の存在や、支配者と被支配者の対立——表現の適否は別として「階級闘争」——を内包しながら存在してきたことになる。マルクスの想定と異るのは、そうした社会の前後に想定された原始共産社会が実在しないだけである。

だとすれば、その社会が単なる循環を繰り返すだけなどといったことがありうるだろうか。神を支える言説の不安定さと、「階級闘争」の激烈さから、その社会的軋轢が飽和点に達したとき、繰り返し「革命」を経験する社会がやはりそこにあるのではないだろうか。

故に、歴史は描けると、私は思う。

1　小路田泰直「終わらない近代と歴史学」（歴史と方法編集委員会『方法としての丸山真男』青木書店、一九九八年）

全体討論

小路田泰直　では、討論を始めたいと思います。私はこの数年間広瀬さんと同じ職場にいて、いろいろと考古学の話を聞かせていただいていて、今回の発見のことを聞いた時、あ、広瀬さんの時代がきたのだなと、誉めすぎかもしれませんが直観しました。広瀬さんの得意技は、都市でも国家でも、何でもかでも、通説よりもはるかに早く誕生したと考えることが、素直にできる点です。だからそう思いました。したがって今日は、広瀬さんに限らず、せいぜい通説を越えた、やや飛躍の大きな議論をしていただきたいと思います。それが将来の通説をつくることにつながるかもしれませんから。

ところで、先ほどからもう既に西村さんなどから質問が出されていますが、禰宜田さんが、弥生時代のはじまりの紀元前千年よりも、弥生時代前期の終わりの紀元前五世紀ごろに、歴史の重要な転換期があったとおっしゃられる場合、それはなぜそうなのかということが重要な論点になるのではないかと思います。そこでまずその点から議論を始めてみてはと思いますが、いかがでしょうか。

紀元前千年と紀元前五〇〇年の画期性

禰宜田佳男　前期末の変化がなぜおこったのか、これについては水田稲作が発展した形でおこった内的要因と、外からの何らかのインパクト、何らかの思想が入ってくるとか、社会のシステムが入ってくるといった外的要因とが考えられ、その関係が問題になってくると思います。

これまでの考え方というのは、水田稲作が順調に発展してきたうえで、渡来人が新たな社会のシステムとか思想とか、そういったことをもたらしたというものだったと思います。水田稲作の一定程度の発展・定着というものを評価した上で、変化があったということです。ところが、水田稲作の受容が五〇〇年遡るということになれば、水田稲作の発展を評価できるのか、これまでとは違う要因を考えた方が説明がつきやすいのではないかとも思うのです。

これに関して、最近ちょっと思っていることがあります。この時期に、青銅器なども入ってくるわけですが、そのときに農耕祭祀も入ってきたんだと思われます。弥生早期とか前期の段階に、縄文的な祭祀遺物は確かになくなっていきますが、弥生的な祭祀遺物というのは前期末に出てくるんです。水田稲作をもっと真剣にやり始めたというか、生産力を高めるための一つの手段として農耕祭祀も取り入れたのではないかという気が最近しているんです。となれば、その祭りを執行する人物、首長に権限が集中することになります。さっきの広瀬さんの話でいえば、弥生の早期・前期の水田稲作というのは、まだ網羅的な生産経済の範疇であり、選択的な生産経済、水田稲作を中心とした生産経済に入ったのは前期末以降ではないかとも考えられるわけです。以前は、弥生早期から選択的生産経済に入っていたとみていました。

外的な要因を取り入れることによって弥生社会が大きく転換したことは、従来からもいわれていることですが、もう一度その前後のあり方を再整理したらどうかと思っているところです。

長山泰孝　その問題の前提として伺いたいのは、紀元前千年は稲作は入ってきたけれど、社会はあまり変わらないというふうにいわれたんですか。

禰宜田　弥生早期の段階で村のつくり方とかは、縄文時代とは変わっています。

長山　そこのところをちょっと伺いたかったんですね。稲作が入ったにもかかわらず、社会はあまり変わっていない。そのまま素直に受け取ると、居住形態もあまり変わらないように受けとめてしまうんですね。

禰宜田　居住形態とか墳墓形態は変わったと言えます。弥生時代には環濠集落というのが特徴的な集落形態ですが、早期に現れてきます。また、分布は限られていますが、支石墓という墓制も弥生早期には認められます。弥生早期に新しい生活形態は伝わってきています。

長山　やはり変わっていますか。

禰宜田　はい。当時、列島に住んでいた人々は、縄文時代にはない新しいものは受け入れるんですよね。当然道具でも、水田稲作に関わる縄文時代になかったものは受容しているんです。ですから生活が変化し、社会も変わっていったことは事実です。しかし、社会のなかでも集団関係の変化があったかどうか、つまり首長墓が出現したというように、階層性が顕在化する動きは、早期から前期の前半の間には認められません。前期後半以降、北部九州地域で、そういう状況がみえてくるのです。

長山　昔の定説的な考え方で言うと、縄文時代は定住の社会ではないんですね。稲作が入ってきたことによって初めて定住生活に移るというふうにいわれていましたよね。だから、今おっしゃった居住形態も変わっているというふうにいわれたとすると、その点、昔の定説とあまり変わらないわけですか。

禰宜田　縄文時代の開始によって定住化がはじまり、弥生時代には環濠集落が成立します。それは弥生早期からあり、ルーツは大陸、朝鮮半島にあります。集落のあり方を考える上で、環濠集落の成立は大きな画期になるわけです。ですから、生活レベルのものは弥生早期に入ってきたという点では、これまでと変わりません。問題は、そういう社会が次にいつ、どう変化したかと言うことだと思います。

小路田　今、変わった変わらないという話をされていますが、それは要するに墳墓に階層性があらわれるということが最大の指標だと思うと、その前はさほど変わっていないということですか。

禰宜田　ええ、そうです。

小路田　けれども、別の指標を立てると当然、縄文時代とはまったく違った生活の新しい文化がそこにみられるということになりますよね。そうすると重要なことは、ではなぜ階層性を伴う墳墓の成立がそれほど重要なメルクマールになるのかという問題ですね。

逆に、階層性というのはなぜ墳墓によって表現されるのかということもやはり大事な問題ではないかと思いますね。今だったらあまりないですよね。どんなに権勢を極めた人でも、質素なお墓でねむるという場合はいくらでもありますし、なかにはお墓をつくらない人もいますから、そういう意味でいうと、墳墓によって階層性が表現される社会の成立が一体なぜそれほど革命的な段階を画するのかということにも、説明がほしいと思いますね。

長山　まったく素人の受けとめ方で、縄文から定住化が始まっているということですね。しかし、その縄文的な定住というのは、稲作が入ってからも続いているのではなくて、さっきのお答えではやはり変わっているということで、環濠集落ができてくる。そうすると稲作が入ってきたというのは、革命的な変化かどうかは知らないけれど、大きな変化だったのでしょうね。それがさっきのお話では消えてしまって、ちょっと弥生の前期末を強調され過ぎているような感じがするんですよね。

禰冝田　これは春成秀爾さんもいっているのですが、早期の段階は、水田稲作、環濠集落、支石墓など新たな文物が入ってくることから、大きな画期です。次に、早期と前期の境目ですが、これはあまり大きな変化ではないと思っています。その差というのは土器の違いだと考えます。そして、次の前期末に、大きな画期があるんだと思います。

広瀬和雄　縄文と弥生の違いの一つは、即物的にいえば、「もの」をたくさん副葬する墳墓、考古学では「首長墓」といっていますが、それとなにも副葬しない民衆の墓の差が出てくるところにあります。それが顕在化するのが弥生時代前期末だということです。そのときに、朝鮮半島製もしくは朝鮮半島起源の銅剣、銅鉾、銅戈、あるいは一部装身具もそうですが、それらを副葬する墓との差があります。

水田稲作がもたらした最初の大きな変化が前期末にあって、それが首長の成立とみなせば、今までは水田稲作のもたらした生産性の発達、それによって富が蓄えられて、その富の帰属をめぐって首長と農民層に分化したのだという説明があったわけですね。それも、日本の場合はすこぶる早かったのだという佐原先生の説明があります。私などもそれを受けて、早いのは灌漑水田がその原因だろうと書いてきたわけです。

ところが今回の発見によって、それが五〇〇年間延びした。そうするとコメが来てから前期末まではどのくらいかな。

禰宜田　五〇〇年ですね。

広瀬　コメづくりが始まってから、今までだったら二〇〇年ぐらいで首長墓が成立したといわれてきたのが、五〇〇年ぐらいに延びた。そうするとまた別の理由を考えないといけない。

そのときの理由として、今までどおりの内的発展段階論的な理由でいくのか、それとも禰宜田さんがいったように外的な要因を考えるのか。その外的な要因にも幾つかあると思うのですが、なかば「征服王朝」的な要因を考えてもいいのじゃないか。というのは、中期初頭の吉武高木遺跡の三号石棺墓は、それ以降にないような銅剣、銅鉾、銅戈の三点セットに多鈕細文鏡をもっていて、そして天河石《てんがせき》製の勾玉というふうに、朝鮮半島南部の首長墓と同じ組成の副葬品をもっているわけです。

しかし、そこから後はそういうのは少ない。だから、最初に首長墓というのが北部九州で顕在化したときのきっかけは、ひょっとしたら南部朝鮮の首長層がたくさんの人びとを引き連れてきて、それが大きなインパクトになって、内在的な要因を前提としながらも、北部九州の社会が分化していくということもあるかもしれない。

長山　例えば紀元前四世紀後半ですね、はっきり変化が起こったのかという問題意識を逆にひっくり返すと、それまで長期間にわたって稲作が入ってきたのにもかかわらず、なぜそれほど変化しなかったのか。

広瀬　変化したと思います、緩やかに。

長山　あまりいい言葉ではないけれど、経過的だった。

広瀬　どうでしょうね。

長山　なぜそんなに緩やかだったのか。

広瀬　水田稲作を導入したとたんに生産性がどんどん高まって、社会が急速に変わったという、今までみたいな説は成り立たないですね。今までは水田が伝わってきたら急激に人口増加がおこった。つまり、遺跡がどんどん増えます、それから出土品も増えます。そのプロセスで前期末には首長墓が生まれた。それが内的進歩史観で説明されてきたわけです。

長山　昔の考え方でいうと、採取経済と生産経済とは決定的に違うし、特に稲作は生産力の高いものですから、入ってきたら社会が大きく変化していくものだというふうに考えられていたんですね。だから逆にいうと、素朴な素人の受け取り方でいうと、なぜそんなに長いこと緩やかにしか発展しなかったのかという疑問を感じてしまうんですね。

広瀬　そうですね。

小路田　それは先ほど広瀬さんのお話のときにも出たことですけれども、九州に入ってから五〇〇年ほどなかなか広がらずに、畿内にくるのに五〇〇年かかった。この場合に、五〇〇年の間に徐々に西から東へ広がったのか、それとも五〇〇年後に、急速に一挙に広がったのかという問題がありますよね。

もし、一挙に広がったとしたら、今議論されていることと実は密接にかかわるのですが、なぜそのときに水田稲作というものが基本的な人間の生活資源の調達方法として一挙に広がるのかということと、それと墳墓が階層性をあらわすものとして登場してくるという、社会的な変動とがなぜ同時におこるのかという問題ですね。それに対してどう答えるかというのは大問題になってくるのではないでしょうか。

広瀬　以前、禰宜田さんたちと共同研究をやったときも、弥生文化の東への拡大はリレー式伝播であった、という一つの結論を出しました。つまり、池に石をポッと投げてそこを中心に同心円状に波紋が広がるのではなくて、例えば下関あたりに伝わって、そこで変容を遂げて、そしてある程度の時間を経て、そこで変容されたものが起点になって次の岡山とかに移って、そこでまた一部変容を経て畿内に伝わったというふうに、リレー的に広がった。しかし、それも速かったという理解をしていました。

だから、今後も炭素一四年代で岡山あたりの土器をきちんとやってもらって、一体どうなのか。岡山にも五〇〇年ギャップがあるのか、いやそこは三〇〇年なのかとか。これはもう事実関係そのものをやってもらわないと。

禰宜田　岡山でも弥生早期に並行する時期の水田は出ているんですよね。ですから、弥生の早期の段階というのは、近畿にはまだ確実な水田は確認されていませんが、広瀬さんが言ったようにリレー式に広がっていくことは考えておく必要があると思います。この時期の縄文晩期の土器は突帯文土器と呼んでいますが、その広がりからすれば、愛知ぐらいまではいったん広がっていてもおかしくはない状況だと思うんですね。

若井敏明　ただ、今の話を聞いていると、稲作の広がりの速さは従来の説のほうが世界史的にみたら異常な速さだったわけですよね。

広瀬　そうですね。

若井　例えば朝鮮半島でもそうですけれども、農耕社会ができて国家ないしは階層ができるまでの間のスパンと、これまで日本列島のなかでいわれていた長さとでは、むしろ今回のほうが普通といえるわけですよね。

広瀬　五〇〇年足したほうが、まだ理解がしやすい。

若井　広瀬さんのご発言は、むしろうまいところに落ちついたなと安心されているような論調に、新聞で読ませてもらったのですけれども、禰宜田さんの話も聞いていると、必ずしもそこで座り心地がよくないような発言なので。

広瀬　人口動態の違和感がちょっと薄れたかなというのはあります。

若井　やはり違和感が……、広瀬さんと禰宜田さんでは、そのあたりで少し温度差があるわけですか。

禰宜田　日本列島は東アジアの東端に位置して、水田稲作の受容は遅れたけれども、完成されたものが伝わって一気に広がったというふうに頭から考えていましたので、私の場合も冷静ではないところはあります。

水田稲作の歴史的役割

広瀬　光谷拓実さんがやられた年輪年代法のときにも新聞の談話で、弥生時代の始まりはたぶん紀元前七、八世紀までいくと言ってしまったので、そんなに違和感はありません。

禰宜田　広瀬さんの考え方は、弥生時代の定義の問題ともかかわってくると思います。弥生時代は水田稲作が始まって、それが展開した社会である。これは佐原眞先生がなさった定義でして、広瀬さんや私もそうですし、最近ではこの立場をとる人が多くなっていると思います。その場合、水田稲作の果たした役割が、早期から前期前半までにかけては、あまり大きくないことになります。この段階の水田稲作の評価をどうするのか、この時期をどう考えれば今までの考え方と整合性がとれるのかという問題を解決する必要があるのです。

広瀬　中村慎一さんがおっしゃってますが、縄文のコメまで含めれば日本列島での王権の成立もそんなに早くないようです。水田稲作＝稲作にして、いまだに縄文研究者のなかには縄文稲作を認めない人がいます。それは

『縄紋から弥生への新歴史像』にも書きましたが、あまり反応はないです。

若井　農耕社会とは言えないわけですね。

広瀬　中国も一番最初は農耕社会かどうかわかりませんね。ものすごくプリミティブな状態なわけですから、それこそ。だからコメがつくられたということと、コメ生産がその当時の食料生産の支配的な様式になったことと、あるいはそれが政治的社会構成を生み出したことと、みんな違う問題ですから、これはきちんとやっていかないと。そういう意味で今はごっちゃになっていますね。

ところが、禰宜田さんが今日説明された石包丁などはおよそ九〇〇年ぐらいの間使われていますが、この石包丁時代がものすごく長く続いているわけです。石包丁で一本一本穂摘みする段階で、腹いっぱいになるようなコメが採れるかどうか、冷静になって考えれば、水田稲作が入ったからといってすぐに生産力が上がったのではない、というのも今提起されていると思います。

若井　要するに生産性は高くなかったということですよね。

広瀬　ということでしょう。

小路田　今いわれた話を逆に聞くと、指標のとり方によっては縄文と弥生という分け方はもうなくてもいいということですか。禰冝田さんが、要するに水田稲作をしている時代は弥生だというふうにいって、そこにものすごく重要な転換があったのだというと、これは普通ですね。でも、それはいってもまだそれほど大きな影響を与えるほどのものではなかったというふうに、今回の発見を使って逆にいいはじめると、水田稲作が入ってきたということは一つの産業が増えたという程度の問題で、例えば自動車産業をやっていたところにコンピュータ産業が少し入ってきたという程度の問題だとすれば、縄文とか弥生という形で明確に稲作流入時に時代の転換をみなくてもいいというふうになって、それよりはむしろ、禰冝田さんのおっしゃったように、紀元前五世紀前後に起こる、つまり世の中に明らかに階層性が生まれ、それが墳墓を媒介にして理解できるということと、それから広瀬さんがおっしゃったように、一挙に水田が広がる。こちらのほうが重要な転換だという形になる可能性もあるということですか、定義の問題でいうと。

広瀬　それはそうなのですが、微視的にみればそうなるけれども、長い目でみればやはり縄文一万四千年の途中からコメをつくっているわけです。

禰冝田　岡山の方で縄文前期のイネのプラントオパール（土壌中に含まれた植物珪酸体のこと。土壌中に、これが確認されれば稲作がおこなわれたと考えられる）が発見されたといわれた朝寝鼻遺跡は難しいようです。イネのプラントオパールや籾圧痕など複数の方法で確認されているのは縄文後期です。縄文後期に稲作はあったとみていいと思います。

広瀬　後期は確実ですね、土器も変化するし、石製の穂積み具や土掘り具もありますし。

小路田　私が今いったのは、逆にそういうふうに考えていくと、今は縄文の後期とか晩期といっている時代と弥生早期・前期といっている時代とが、実は連続していて、そうなると日本の社会における農耕をそれなりに取り入れながら発達していく社会の始まりは実は紀元前千年どころか、もっと前に遡ると考えていいのでしょうかということです。

広瀬　コメをつくり出してからでも、いわゆる縄文文化というのはさほど変わらない。焼き畑だと思うのですが、それ以降も二千数百年はほとんど文化の様相は変わらないですね。土器組成にしても、石器組成にしても。それに対して、弥生文化は水田稲作が入ってから五〇〇年間延びしたけれども、今までせいぜいまだ三千年ですね。最初の五〇〇年間は緩やかだったけれども、そのへんから一気に変わり出した。変わるピークはいくつかあるわけです。その最初が前期末の政治的社会の形成。二つ目は紀元前一世紀中頃ぐらいの前漢王朝との接触による首長層の意識の改変。あるいは次のピークは二世紀後半ぐらいの王墓の誕生。地域のまとまりとか、どんどん変わっていくわけです。政治的社会構成の展開が急速に変わっていって、三世紀半ばの前方後円墳の成立による日本列島全体の政治的統合に至ります。これは水田稲作が始まってからのプロセスの一つの帰結です。

同じコメでも、縄文時代は二千数百年、そういうふうに変わらない。考古学的にはそういう形跡は認められない。だから縄文文化と弥生文化は違う。やはり水田稲作のダイナミズムのなかにそういう装置が入っている。その装置の引き金を引いたのは、今までは内的発展段階論的に説明されてきたけれども、そこに外的な要因もあるし、何もあるということです。

縄文と弥生の違い

長山　今の説明、先ほども小路田さんが言われたいわゆる縄文文明みたいな輝かしいものがあったという考え方とどういうふうに……。

小路田　三内丸山遺跡はたぶんすごい遺跡ですよね。私は文章でしか読んでいないですけれども、交易が当然あるし、手工業も相当高い段階の手工業があるというふうにいわれていますし、農耕は別にイネでなくてもクリかなんかで出ていますね。

そう考えていくと、農耕というものをこの列島社会が取り入れて生活をするという習慣は非常に古くからあって、そこに要するに弥生時代に入ったときに水田稲作が紀元前千年ごろに入ってきたけれども、それは農耕に一つの種類がつけ加わったという程度のことであったということになりますね。だから、農耕が始まったという意味においては日本も世界とほぼ足並をそろえていて、むしろ紀元前五世紀の真ん中ぐらいに一挙にその農耕が水田稲作に偏る何か特別な変化があったのではないでしょうか。

せんじつめていうと水田稲作の流入よりも、その一挙的拡大の方が主要だということですよね。つまり、水田稲作が入ってきたことは決定的な変化であったというふうにどうも聞こえなくなってくるというか、むしろその変化もあるけれども、それ以前も農耕はやっているしということになると、それは全部包摂して一つの時代として考えるという見方もあっていいのかなと。だから、日本のいわゆる農耕文明の時代はもっと昔へ遡るし、ただし紀元前五世紀に大きな転換があったということは、一ついえるのかなという印象ですね。

私はその転換のことを説明するときに、例えば織豊政権以降に江戸幕府ができて、石高制というものができるとたぶん、コメの作付けというのは一気に増えるだろうと思うんですね。あらゆるものがコメに換算されるとなれば、コメというのはそういう役割を果たしますから、それと同じような問題ではないのかなと。

つまり、それをどう呼ぶかは別として、水田稲作によるある程度の画一化が進行するということは、階層性の進行といったこととあわせて考えると、国家の成立とかそういう人為的な要素の役割が大きいのではないでしょうかね。つまり、自然にどうなるとかいうのではなくして、人為的にそれをさせる力のようなものがそこに成立しているというふうに考えたほうがわかりやすいのかなと。そうすると、そういうものが成立してから以降の時代が紀元前五世紀以降の時代なのではないでしょうか。

広瀬　ただ、考古学の者からみると、縄文文化にはいくつかの共通点があって、例えば人間と人間のつながりを維持する道具、いかにも呪術的というか祭祀的というか、小林達雄さんが「第二の道具」と呼ばれたような製品が多く見られる。それが余剰のあらわれだと思っているのですが、それは今日はおいて、そういう食料生産にかかわらない道具類がいっぱいあるのが縄文文化なんです。コメづくりが入ったからといって、縄文文化の遺物のなかでは大きな変化がそんなに見受けられない。道具の一部は変わります。石製の穂摘み具とかは出てくるけれども、やはり安定した文化が一万四千年ほどつづく。それに対して弥生文化は今回付加された五〇〇年の評価は難しいけれども、そこからは遅々としながらも人口は増えていく。その一つの到達点が前期末の首長墓の成立、すなわち紀元前五世紀の変化です。

小路田　そのトータルなイメージをどういうふうに段階づけるかということですね。歴史だからある程度段階設定をしないと時間の説明はできないので、いかにその段階設定をして説明するかということがたぶん課題としてつけ加えられていると思うんですね。

広瀬　そうですね。

「墓」と「階層」の時代という歴史段階

小路田　だから、縄文も単純に未開とは言えないし、稲作が伝わったからといって急速に全部変わってしまうかというとそんなこともないし、ただ、あるときに大きな激動がくるというのもまた事実だろうし、この全体をどう説明するかというのを聞きたいなという感じですね。

ところで個人的にいうと、気になるのは、何か大きな社会変動がおきると、日本の歴史の一つの特徴は全部外来文化の影響で説明してしまう点です。でも、それは社会の内在的な制度とか仕組みの問題をネグレクトし過ぎていて、そこのところの変化が何だったのかが結局わからなくなってしまう。だから逆にいうと、お墓というものによってもし人の階層性が表現されることに重要性があるとすれば、なぜそうなのか、なぜそういうふうにする社会がそこにあるのかという説明が、本当は古墳時代まで含めて説明していく重要な問題として出てくるのじゃないかなと思います。

広瀬　一つの考えとしては、なぜ特定の人間の死というものを特別に扱うかという問題ですね。それは古墳時代の終わり、七世紀末ぐらいまで続く。一つのまとまりをもった社会の政治的リーダーの死が集団の死とイメージ的に重なる時期が出てきて、その死を放置すると、首長に共同体再生産の根幹をあずけている集団、それがイコール死になると考えられたから特別な扱いをしたというふうに考えてみたらどうかと思うんですね。そうでなければ、別に特定の人の死も普通の死と一緒なわけで……というふうに考えているんですけれど。つまり、水田稲作以降のある時期に共同体再生産の根幹を一人の人間に担わせるような時代が起こったというのが一つの説明なんです。

小路田　いろいろな議論のなかで一つの錯覚があるような気がしていて、呪術的な社会というのはなにか未開な社会だというのは違うと思うんです。つまり、考えてみると非常に精神性の高い社会ですよね。それはまさに人間だからこそそうするのだろうということであって、我々はその逆に呪術からの解放以降に生きている人間なので、それは前近代的だと思うのだけれど、でもその呪術の社会というものが、ある意味でいえば人間なればこそそれを生み出していく社会なのだから、その道具であれ何であれ、それがあるということが、必ずしもその社会が未開的であるということの証明にはならないのではないでしょうか。

広瀬　未開とも何とも言っていない。社会のまとまりを維持するためにいろいろな道具を生み出していくということを想定しているだけで、未開とはちっとも思っていない。

小路田　わかります。

広瀬　私は「未開と文明」という観点で歴史をとらえるのはやめようということなんです。社会を維持するために人間はどういう装置を発明したのか。その一つとして、精神性の高さみたいのを強調しても別にかまわない。弥生以降は墓にあらわれる段階は、何かしら一人の人間に下駄をあずけてしまって、あずけたがゆえにその人の死は放置できないというシステムがあったかもしれない。つまり、社会を再生産していくための強制力とか、権力を一人の人間にゆだねるというのを考えてみても説明できないかなと思っているんですが、そこはまだうまく説明できません。

ただいえることは、弥生時代の前期後半にそういう首長墓が出て、そのなかに最初に副葬されたのは武器類であって、それはずっと続く。武器は権力の一つ、強制力の表現ですよね。武器はずっと古墳の最後の最後まで残っている。徐々に地域的に広がっていく。ただ、同じ時期、北部九州以外は、武器類に限らず副葬するという行為がない。近畿北部、丹後あたりで後期初頭です。だから、地域のでこぼこはかなりあります。

若井　単純に入手ができなかったとか、そういうレベルの問題ではないのですか。

広瀬　そういう問題じゃないでしょうね。

禰宜田　私は、この問題については、首長の死に際して集落なり集団の再生をする必要が出てくるわけですが、その場所が九州では墓だったということではないかと考えています。近畿では墓以外の場で、そうした儀礼が行われていたというようなことも考えないといけないと思っています。

若井　近畿には首長墓そのものもないということなのですか。

広瀬　首長墓というものを、九州では副葬品のあるなしで認定している。近畿地方でも首長はいたはずということで認定しようとすれば、墳丘の大きい・小さいはあります。

若井　ただ、大陸との関係からいったら近畿は奥だから、直接には無理ですよね。

禰宜田　九州では墓に中国等の文物が多く副葬し、近畿では少ない。このことについての解釈は古くて新しい問題です。

広瀬　それは従来の外交一元論の考えでいけばそうなるのですけれども、最近は外交多元論みたいなものがあります。

小路田　今の話で、広瀬さんが例えばこういえるといったのだけれども、私はそれは面白いと思ったのは、墳墓をつくることによって階層性を表現する何かを生み出す社会というふうにいえば、紀元前五世紀から古墳時代の終焉まで、副葬品の問題とかいろいろなディテイルは違っていくでしょうけれども、基本的に続いてるのだとしたら、その時間を一くくりの時代としてとらえてしまってはどうでしょうか。

広瀬　面白いですね。

「古代＝律令制国家の時代」史観への疑問

小路田　もしそうだとすれば、これは今日の西谷地さんのテーマでもあるんですけれども、律令制国家の形成過程に入る前に、単純計算すると大体一千年近いそういう社会があるわけですよね。この一千年近いそういう社会というものを何と表現して、その以前、あるいは以降と結びつけていくかということは新しいテーマかなと思いますけれどね。

広瀬　一つ興味深い事実を提供しておくと、平城京の造営時に墳丘二五〇メートルの、つまり大王墓クラスの市庭古墳を律令国家の貴族たちは平気で壊しています。それ以外にも一〇〇メートルクラスの神明野古墳など、一つや二つではありません。次の延喜式には陵墓を規定して序列化していますから、全然違うわけです。だから律令国家と前方後円墳国家は時間的にはつながっていても、国家意識はまったく違うと思います。

小路田　はじめに禰宜田さんがおっしゃったように紀元前五世紀ぐらいにそういう一つの社会通念と、その社会通念が支えているであろう社会というものが生まれて、そこにこそ本当の大きな転換があったのだとすれば、それはほかの転換も、角度によってはいくらでも説明できるけれども、それが重要だという説明がもし成り立つとしたら、それを律令国家の前史という形で処理するのは不可能ですね。

しかも、前方後円墳という形で明確化したものにまだなっていないものも全部含めて概念化しなければいけないというふうになりますね。それがもしできれば私は非常に面白いと思います。そうすると逆に今度は、最初の話ではないですけれども、縄文と弥生の間に筋目を入れることに意味がどれほどあるかということも大問題になってくるし、そもそも縄文というのをどう考えるかというのも、やはりひとつ論争の素材になるのではないかなという感じがします。

広瀬　もう一つ話題提供しておきます。最近、歴博で千田嘉博さんと話をしていて気がついたのですが、江戸時代の城郭と前方後円墳はよく似ていています。前方後円墳は画一性と階層性を見せる墳墓なんです。その階層性の中心は大和です。前方後円墳から三世紀半ばから七世紀初頭の三五〇年間に約五千二百基つくられていて、墳丘の長さ二〇〇メートル以上が三五基あって、そのうちの三二基が畿内にあります。それは最初から最後まである。墳丘の長さが一〇〇メートル以上は三二基あって、そのうちの一四〇基が畿内にあります。この階層性というのは歴然たるものがあって、しかし、岩手県南部から大隅半島まで同じ格好をしていて、人びとから見えるところにつくっています。江戸時代のお城も一緒です。本丸があって、二の丸があって、三の丸があって堀がめぐっていて、そういう画一性があって、それもよく見えるところにつくってます。そして、その中心は江戸にあります。だから画一性と階層性をみせる城なんですね。ところが戦国時代の城は多様です。祖形の方形居館までいけば一世紀終わりごろからそういうもののはしりが出てきて、一六世紀終わりぐらいまでの四〇〇年の間にいろいろな形で変化があって、それは前方後円墳に収斂される弥生時代の墳墓と一緒なんです。それを今日の話では、前期末までいけとおっしゃるわけですか。

小路田　いや、いけといっているのではなくて、さっきの話でいうと、そういうふうになりませんかという話です。

広瀬　だから墳墓の歴史がそうで、城で歴史を語ろうと思えば、一世紀後半から城が解体される明治初年までを一つでくくって、一世紀後半から一六世紀の終わりまでは、古墳でいえば弥生前期から後期ということになりますね。そういうとらえ方をすると面白いですね。

小路田　だから歴史の初発に農耕が入ってきて定着する時代があって、その次にそういう墳墓時代があって、その次の律令制時代があって、次に城郭時代があるみたいな、それは物による指標ですから表現はいろいろ変わると思いますけれども、日本の時間の区切り方の可能性というのは新たに出てくる可能性がありますよね。

広瀬　どういう歴史像が面白い歴史像になるのか。

小路田　それからもう一つ聞いておきたいんですけれども、本当に文字は使っていなかったのですか。

広瀬　いや、使ってますよ。

小路田　つまり弥生時代に。

広瀬　一番古いのは三世紀の「鏡」という文字。

禰宜田　福岡県三雲遺跡の甕棺の外面に、「鏡」という字のつくりの部分だけが描かれた例もあります。庄内式並行、三世紀の資料です。伊都国の中心と目される遺跡から出たことになります。ただし、文字であったとしても、一字ですから積極的に評価していいのか。

広瀬　あるいは同じ頃に「田」という文字も見つかっています。

小路田　いや、私は中国との交流を考えると、文字が伝わっていてもおかしくはないなと思っています。

広瀬　それはあるでしょう。だって五世紀に倭の五王が上表文を書いていますので。

小路田　いや、もっと前に。

広瀬　鏡には銘文があるし、古墳時代の人びとは見ているはずです。ただ、倣製鏡という日本でつくられた鏡には、擬銘帯——銘文をまねているけれど文字にはなっていない——がある。だからといって文字を全部否定する必要もないと思う。

小路田　申し訳ありません。少し話が具体的になりすぎました。そこでここからは広瀬さんと西谷地さんからつけられました古代史に対する批判について議論を進めていきたいと思います。これまでの古代史のあり方についていくつか問題提起をされているのですけれども、そのへんに話をうつしていければなと思います。
山中さん、今までで何かないですか。

再び縄文と弥生の違いについて

山中章　さっきまでではは特にないんですけれども、これまで広瀬さんは、弥生時代というのは水田稲作それも大規模な灌漑システムというものがセットで日本列島に入ってきたことが時代の画期をなしたのだとおっしゃってきたと思うんです。それはシステムとして入ってきたことに大きな意味があって。

広瀬　完成されたスタイルで入っていますから。

山中　ということですよね。それが禰宜田さんの見解では前期末の五〇〇年前後という時期に大きな変化があるということになります。基本的には完成されたシステムをもっている社会は、いつか大きな変化を遂げるに違いないんだけれども、紀元前千～九〇〇年に入っていったときには、まだそういうものが起らなかったということなのですか。

広瀬　人口が増えてきて、例えば水争いみたいなものが発生したり、あるいは「征服王朝」的なものがみえてきたりとか、そのへんは今後の課題だけれども、もともと水田稲作のなかにそういう政治的社会を生み出す要素をもっていたと、それが顕在化するのがちょっと長引いたと。

山中　まさに縄文と弥生の境を区切るのはそれであると。これは縄文時代と旧石器時代を区切る指標もそうだと思うんですね。縄文時代とは、土器が成立するということ、石器がない時代に土器が入るということなんだけれど、草創期の段階というのは、土器は入るけれども、早期以降の社会と全然違うわけですね。土器はあるのだけれど、草創期の土器は早期以降の土器が定着した集落をつくったり、植物資源をつくるために石辺をもったりという大きな社会的変化を生み出すのとは違うということですよね。縄文時代が真に土器を用いた新しい社会を形成するまでに三千年以上の長い草創期という時期を経なければならなかったのと似ている。

広瀬　草創期はものすごく長い。

山中　それとよく似たような構造が弥生社会にも認められるということ。今まではそれが急激だったと考えていた。そこが違うということ。

広瀬　そうだと思う。

山中　水田稲作というシステマチックに動く完成された生業形態にいずれ何かを契機として大きな変化を生み出すことになるのだということですね。それが紀元前五〇〇年ということでしょうか。

広瀬　そういうことです。水田稲作が人間をつないだり変えたりする要素が幾つかあるのだけれど、それが徐々に形をあらわしてくる。そのきっかけを考えましょうと。今までそれは内在的要因だけで考えてきたけれど、今日の禰宜田さんの話で外在的要因も考えないといけないということですね。それは縄文も同じことで、縄文草創期から早期に変わって、あるいは前期などは大きく変わる。けれど全体としては同じような同質的な文化である。これと一緒だと思うのだけれど、小路田さんはそれを分けよう分けようとする。

小路田　いやそうじゃなくて、禰宜田さんの議論を踏まえれば、そういうふうにならないのかなという、逆にいうと紀元前一千年以降ではなくてもっと前からの農耕社会は全部議論に組み込んだ形で議論をたてるということにならないかなと思っただけです。

広瀬　考古学では縄文社会は農耕社会と呼ばない。農耕はあるけれど、それは支配的な食糧獲得方式にはなっていないと思う。あるいはそれすら認めない人もいるわけです。

西谷地晴美　弥生はおコメは食べていたんですか。というよりも、主食として食べていたのですか。

広瀬　考古学は定量的分析は苦手ですが、食べていたと思います。

西谷地　例えば従来のイモを主食にしているところでコメも食べるようになるという話と、主食がコメにうつり変わるというのとでは、網野さんがよく注意しないといけないですよといっているように、かなり違う話になる。果たして弥生時代に主要な生産物が完全にイネに切り換わるなんてことがあるんですか。

広瀬　完全かどうかはわかりませんが。

水田稲作社会の景観

西谷地　そういうような論理的につくられるような、机上で考え得るような水田稲作社会というのが本当に弥生時代にあったのかどうかということなんですが。

広瀬　それも古くて新しいテーマです。有機物が残らないのでなかなか難しいけれども、私たちは日常的に弥生前期末からは水田というのはたくさん見ている。増加しているという事実がある。ドングリも弥生時代でも出ますが、だんだんと少なくなっています。そして古墳時代にはなくなります。石包丁も集落から確実に出るし、石器組成なんかも確実に変わる。農耕具はふんだんに出るわけで、そういうことからすれば、定量的分析はちょっとできないけれど、やはり確実にコメの生産性は高まっていると思います。

西谷地　どこでもそうなんですか。要するにコメの生産に適さない地域でもそうなんですか。

広瀬　稲作には陸稲と水稲がある。大阪とか奈良みたいに沖積平野が発達しているところは水田稲作。いっぽう、大分の大野川の上流域や中流域あたり、あるいは飯田盆地、天竜川のあたりもそうですが、古墳時代にいたるまで弥生時代と同じような石製の農具が出たりします。

西谷地　中世のイメージでいくと、中世でも、どこでも一応水田はあるんです。だから水田に必要な道具も当然存在すると思うのだけれど、でも実際には林業が主体だったり漁業が主体だったりするわけですよね。

長山　コメを食べていたか食べていなかったかという議論はどの時代にもありますね。律令時代でも、租税としてコメを出させたけれども一般の農民はコメを食べていなかったのじゃないかとか、それから近世でもそうじゃないですか。今のようにイネも……。

広瀬　カロリー計算をやった人がいて、江戸時代の農民と明治の飛驒と、縄文人とブッシュマンとを比較したら、カロリー計算で一番高いのは縄文人だった。江戸時代は低いはずです。

長山　これも小路田さん、何か理論があるのじゃないですか。「コメ食わない神話」みたいな、つくり出された物語というか。

小路田　たぶんいろいろな可能性があると思いますけれども、ただ私は、日本近代でいうとそういうのは半分神話に近いと思うことがよくあって、人間って意外と豊かに生活している。以前、西谷地さんとしゃべっているときにそう思ったんですが、飢饉があるので古代の農村が全壊するという話をしていましたよね。それで一〇〇年ぐらいたって中世農村が出てくる。私が一番疑問に感じたのは、その一〇〇年間人はどうしていたのかということです。そうしたら彼は山にいたというわけですね。けれども私は、それは違うだろうと思ったんですよ。今でも食えなくなったら人は都会に来るんですね。絶対に山に行かないんですよ。

物は動かし集積する機能があれば、ないないとはいいながら、何とか相互に補い合うシステムはいろいろな形で生まれてくるというふうに私は思うので、そこのところをしっかり押さえないとだめで、それはもっというと、だから流通とか交換とか都市、商業というものが大事なので、そこのところを理屈からはずしてしまって物事をみると、たぶんみえなくなるのだろうなという感じが印象的にはありますね。

それは神戸の震災のときに、まず小売商が一番先にたちあがりましたよね。あのエネルギーは何かというと、結局、人間って困ったときには物を動かすことによってお互いに過不足を補い合いながら何とか食う仕組みをつくっていくわけですね。それを行政は何を考えたかというと、支援物資をどう配るかばかり考えたんですね。物を双方的に動かすことを考えなかったわけですね。一方的に与えることを考えたんですね。ここが違いで、結局何が救ったかというと、双方的に動いたほうが救っているんだと思いますね。支援物資はやまほど倉庫に残りましたから、あれなんだと思っているんです。

だからたぶん、ある意味でいうと、たしかに網野さんのいうように農本主義的な神話によって生み出された物語はたくさんあると思うんですね。

広瀬　コメの生産性の高さと、生産されたコメがどういうふうに分配されたかということは別の問題で、なかなか難かしい。しかし、コメが中心になって社会が動いたということは否定できないと思います。例えば、古墳時代前・中期の首長墓の副葬品をみると農耕具がある。あるいは、弥生時代の集落から農具がふんだんに出ている。

西谷地　私が聞いているのは、弥生時代の例えば山村のような集落遺跡はあるのかどうかですね。明確にこれは漁村……漁村は場所でわかるかもしれないけれど。

広瀬　漁村みたいなものはある。

西谷地　そのときの遺物の残り方と、平野部の遺物の残り方に差はないんですか。

広瀬　それはありますよね。

西谷地　ということは、弥生の途中ぐらいから、外在的に発達した段階から、専業農村があるというふうに考えていいんですか。

広瀬　専業度がどの程度なのかは難しい。

西谷地　要するに、社会的分業を前提として、そういう山村や漁村がある一方で米作専業でやれる状態になっているということですか。

広瀬　そうでしょうね、沖積平野に遺跡がいっぱい出てくるから。そこに居住した農民層は、石器の原材も巨木も手に入りにくい。自分のテリトリーでは。だから当然、そこには分業システムが確立していたはずだということになりますね。

戦後古代史学の問題点

小路田　さて今これまでの考古学のあり方とかあるいは古代史のあり方とかについて議論していますが、その点について何か少し議論があれば議論してみたいと思います。

広瀬　三世紀半ばから七世紀初頭、北海道と東北と沖縄を除く日本列島で連綿とつくり続けられている。それを一つの時代にとらえずに、律令時代の前史とか移行期とか、そういうとらえ方を、文献史学派の方は最近はどういうふうにとらえておられるのかということ、それから高校日本史教科書を最近読む機会があったのですが、弥生時代は大体小国の分立と書いています。つまり国家みたいなものがあったのだと。で、律令時代は、これはアプリオリに古代国家です。ところが、その真ん中の古墳時代は大和朝廷とか大和政権、大和王権ですよ。

政権というのは、政治団体を運営する権力集団のことですね。あるいは王権というのは政治権力の一つのあり方ですね。広範囲にわたって首長同盟とか首長連合が成立していたといいますけれども、首長同士が同じ墓をつくって、それも膨大な労働力を投入して、中央から威信財とか権力財の再生産システムを前提としないと手に入らないような副葬品をいっぱい入れて、というような社会をどう考えるかですね。弥生時代は鉄器がほとんどない東北でも、四世紀後半の会津大塚山古墳では鉄器を多量に副葬している。そうした事態を可能にするシステムが存在しているわけですね。それをいつまで大和政権や大和王権と呼んで、前の段階、後の段階との齟齬に平然としているのか。

それともう一ついっておきますと、倭の五王の上表文をどう考えるか。あれを読んでいると、どう考えても国家があった、としかみえない。つまり将軍とか高級官僚がいて、武力で全国を従えたんだ、東は五十余国、西は六六国、海をわたって九五国。そして百済、新羅は全部自分のものだと言う。それも王統譜があるわけですね。それで最後には中国王朝も、それでいいだろうと認めているわけでしょう。あれをどう考えるのか。

長山　私は発言しているんですよ。文献史学のほうからいうと、かなり異端だと思うんですがね。

広瀬　ああそうですか。

長山　私は考古学の人たちと同じような意見をもっているわけですね。だから、よそへいくと都出《つで》比呂志さんと相談し合ってやっているのかといわれているぐらいですが、それは全然別なんです。都出さんは考古学の立場から独自にやっておられる。だいたい、歴史学というのは本質的には常識の学だと思うんですね。その点、今の古代史は非常識なんですよ。つまり、どうみても律令国家によって初めて国家というものが成立したというのはこれは常識と合わないわけです。じゃあそれ以前の推古朝のあれは何なのだと、隋と正式に国交を交わしている。あれは国家ではないのかということになってくるわけですね。やはり常識に反していると思うんですね。これはもう石母田正さんが岩波講座の最初のほうの概説で書いておられるけれども、国家の成立を六世紀以降とか、ましてや律令国家の段階とか、そんなことはいっておられないんですよね。すごくあいまいになっているけれども、当時の割に常識的な理解として、四世紀の初めごろと考えられていたのをヤマト王権の成立として一定の評価を示している。しかもこれをまた「国家」といいかえたりしてる。最近はむしろ六世紀以降というのが一般的な理解のようですね。

広瀬　五世紀終わり以降ですかね。

長山　ええ、だから、ずいぶん国家の成立の時期が押し下げられてきているんです。私は小路田さんに前にお話ししたのですが、理屈では説明できない一種のパッション、情念だと。古代史家の情念だけれど、その部分には日本の歴史家全体に投影されているようなところがあって、自分の国の歴史の発展をできるだけ遅く考えたいというのが、戦後の歴史学の出発点だったところがあった。そこからつくられた情念だったわけです。

広瀬　自虐史観をいわれてもしようがないですね。

長山　そうなんですよ。今はすっかり忘れられているけれども、敗戦直後の……私なんかはそうなんだけれど、どんなに深いコンプレックスを欧米諸国に対してもっていたかという、これもすっかり忘れられているんです。だから、いかに日本の歴史というのは貧しい歴史であり、そしてまた人間が共同体に埋没して生きてきたか。民主主義なんてまったく育たないような社会だったという考えがメインだった。そういう考え方を一般的にもっていたから、逆にいうと北朝鮮なんかがあるでしょう。北朝鮮に限らず社会主義国ではいかに自分たちの国家と文明が早い時期から成立してきているか、そういうかなりナショナリスティックな歴史がつくられてきたけれども、日本はむしろ逆ですね。

広瀬　おくゆかしいんですね。

『古事記』『日本書紀』の読み方

長山　それと、さっき小路田さんがいわれたように、記紀批判。それも津田史学によりかかった記紀批判がずっと行われていたんですね。そういう見方で記紀を読む限り、やはり国家の成立とか早い時期に考えることがかなり難しくなってくるわけですね。最近、考古学の方がいわれているのは三世紀の少なくとも中頃ぐらいには国家が成立しているんだと、そういう時期から五世紀の終わりぐらいまでの歴史というのは完全に文献史学では空白になっている。これはおかしなことですね。すべて昔は大和国家の時代のこととして考えられていたことが全部六世紀以降に下ろされてしまうという、不思議なことに六世紀のわずか一〇〇年の間に……。

広瀬　全部出そろうんですね。

長山　全部出そろうんですね。これはちょっと考えてみると常識に反するので、そういう歴史学はおかしいのだというふうに考えるべきじゃないでしょうかね。

若井　私はたぶん長山先生よりも過激というか、記紀を使ってとりあえず国家の成立過程をまず書かないことには、と考えています。エンゲルスが出ましたけれども、プディングの味は食べてみないとわからないといっていますね。しかし、ふつうは記紀を使わないんですね。使うんですけれど、部分的に使う。だから、大枠は否定するのだけれど、つまみ食いをする。つまみ食いをせずに大枠で話をつくると、もうそれは仲間外れにされるんですね。

長山　でも、さっきの原秀三郎さんが同じことをいっているんですよ。

若井　原さんは先ほども出ましたけれども、今や田中卓さんの軍門に下って、国民会館なんかで話をされて、田中さんは偉いという……。でも、講座ものとかでは、いまだに初期の大和政権の成立の概説とか読まれたら、参考文献には田中卓さんとか記紀を使って論じた人の文献はまったくみません。つまり検討すらしないんです。田中さんがやられた系図の校訂ではそういうのは扱うのだけれど。それはちょっといかんのではないかと。私なんかも、こんなことをやっていましても、これはもう大分みんなから異端扱いされています。私は、だから考古学の人ともたぶん認識が違うと思うんですが……。でも、それをやらないとたぶんもうだめだと思いますけれどもね。けれども、稲荷山の鉄剣が出たときに、大彦という四道将軍の名前が出てきて、それで記紀批判のルートが変わるのかなと思ったけれども、やはり大彦というのは一般名詞だとか、系譜のうちの前半は信用できないとか、あの五世紀の段階ではいわれていた系図だが事実ではないとか、あげくには子どもといっているのは関係ないとか。その通念を守るために今四苦八苦しているという感じですね。

広瀬　文献史学をやっている人はもっと文字史料を大事にしてほしい。『日本書紀』、『古事記』、あるいは五一文字の鉄剣銘文でも、金石文だということであまり重んじられないでしょう。文字という意味では一緒ですね。

長山　いや、やはり稲荷山は決定的で、あれこそ本当に世紀の大発見で、それでずいぶん古代認識は変わってはいるんですね。記紀についてはきちんと使うところまでいっていないんですね。今の人は知っている人はあまりいないと思うんだけれども、記紀だけで大和国家の歴史を書き切った人がいるんですね。

広瀬　それはどなたですか。

長山　竹内理三さん。戦後、まだ昭和二〇年代だと思うんですが、中央公論社から新日本史講座が出たでしょう。あれでちょうど大和国家の時代を竹内さんが書いているんですね。もう手に入れるのは難しいのじゃないですか。講座ですけど、一人一人がパンフレットのような形で書いて、それの合冊のように、全部一冊一冊に。

小路田　昔の資本主義発達史講座みたいですね。

長山　そういう形で書いているんですね。そういう意味ではいろいろ面白くて、さっきのあれでいうと、例えば江戸時代の農民がいかに貧しかったか。みんな畳なんかなくてニワトリを飼う小屋みたいに竹のすのこみたいなものがあって、その上に寝る。落ちたごみを肥やしにしているとか、そんなことを書いてあるんですけど。だから、あれをみていると自虐史観というのがそのまま目にみえてくるんですが、それでやっていたんですよ。しかし、私は若井説にも賛成できないのですけれども、まず食べてみるというより、やはり食べる前に準備しないとね。

私はやはり戦後の記紀批判というのはものすごく問題で、津田批判に完全によりかかって書かれてきているんですね。だから、これはもう一度、津田史学からしてきちんと再検討しないといけないんですよね。まったく記紀を無視する戦後の歴史学が今問題であって、私はよくいうんですけれども、地面の下から出たものは記紀を裏切らないですね。記紀の歴史観を大きく裏切るものというのは実際には出ていないですよね。稲荷山のあれをみてもそうだし、江田船山のあれにしても……。

小路田　大化の改新にしても。

長山　ええ。しかし、そうかといって記紀を読んでみればすぐわかりますが、やはり使えないんですよね。あれで大化前代史を考えるのは非常に難しいですね。だから、まず使ってみる、食べてみるよりも前に新しい目で、記紀というのは一体どこが使えるかをきちんとやらないといけないんですね。

広瀬　そういう検討が欲しいんですよね、文字を大事にして。

長山　私だったら、今のままではよう使いませんね。

広瀬　古代の知的財産というか、ああいうものを使わない手はないですね。

津田左右吉の評価をめぐって

小路田　これはいろいろな人の津田解釈を自分なりにみた範囲でいいますと、津田左右吉は『日本書紀』に書いてあることは、基本的には「本当かもしれない、嘘かもしれない、わからない」なんですね。だから、このテキストの読み方はそれを書いた人たちの思想を読み解くために読むというのですね。

ところが戦後の歴史学は、それが「嘘だ」になったんです。「本当かもしれない、嘘かもしれない」がいつの間にか「嘘だ」になって、津田イズムよりももう少し俗化したというか、わかりやすいほうへぶれたという感じがするんですね。

広瀬　井上光貞さんは中央公論の『日本の歴史』で、日本書紀を使って書いて、考古学なんかは補助科学だと言っていました。

長山　そうなんですよ。みんな『日本書紀』を使うんですよ。記紀を否定しておきながら、結局利用せざるをえないんですよね。

若井　井上さんは応神朝以降を使うから、それは大体共通認識だったんですよ。ところが、改新否定論が出て、あれで皆さんも怖くなって大化の改新をいじらなくなった。大化の改新をいじらないということは推古朝もいじらないわけですから、皆さんが平安時代にダアッと流れた。今、大化前代をやっている人は少なくて、原さんなどにいわせると、「考古栄えて記紀滅ぶ」という状況になっているんじゃないですか。

私が思っているのは、平安をやり尽くしたかどうかわからないけれども、これからは日本史研究会のグループとかがたぶん時代をあげていきますよ。

長山　さっき、西谷地さんがおっしゃったんでしたかね、神武天皇かなんかの欠史八代などはちょっと触れられたように思うんですが。

小路田　私が触れたんです。

長山　小路田さんですか。あれなども、神武天皇という人、カムヤマトイワレヒコという人が実在したかは別にして、神武記の記事はでたらめであるということを、先入観抜きに考えて果たしてそういえるのかというのは非常に問題ですよね。日向から出て大和へきたというのも、津田さんなんかだとヒノカミの子孫だから日に向かうという名前をもったその土地を出発点にしたなどというけれども、本当にそんな説明でいいのかということが、あれほど具体的に書かれている「大和の平定」、あれなどもまったく根も葉もないのかと。直木孝次郎さんなどは、あれは継体天皇が越前から大和へ入ってきたときの史実を逆に反映しているのだという説明をしていますけれども、そんな説明で本当にいいのか。ともかく否定するがための論理であり証明ですからね。そういうものをもう一度考えてみる必要があるんじゃないか。欠史八代のなかでも少なくとも一人は実在の可能性があると思うんですね。孝昭というのがそれですけれども。

小路田　記紀を読むときに津田さんがいったように、それを思想の書として読み、まず『日本書紀』がどういう論理構成で、どういう事実構成で歴史を描いているのかということの再現をなぜ皆さんはしないのだろうと思うんですよ。例えば私がものすごく気になっているのは、最初に神武天皇が登場してくるときに、この国の中心はどこだといって、そこに都を定めることから始めるわけですね。つまり、中心点を定めることから始めるということは、その段階で既に全体像がみえているはずですね。あそこからあそこまでが大体うちの社会だと。けれど、この社会を維持していくためには、どうしても都を中心を置かなければならないという決断をして、そして辺境の王がその中心に移った。こういう説明になっていますね。その次に、いろいろないさかいが起こりながら結局、郡臣が最後は王を推挙しなければいけないようなところまで、権力が混乱をしていきますよね。そのプロセスがずっと描かれていて、群臣が推挙する構造になって、その典型的なのが継体天皇の推薦ですね。

今度は、そのことをベースにしながら、いかにしてそれを乗り越えて天皇が王権として確立していくかという一つの物語を構成しているわけですね。だから、あの書物のなかに描かれているものを、例えばだれかが読んだときに、これはやはり一つの政治学の指南書として読むだろう。それなら逆に、そのようなものとしてまず復元してみせることと、それは果たして人間が実際に行ったことを踏まえた歴史と違うのだろうかという問いなんですね。つまり、逆に人の行為の時間的連続に論理性は本当にないのだろうか。意外と人がやってきたことには実は論理性があるかもしれない。そうすると、書いた人が一つのロジックをつくり上げるために取捨選択をしたことが、実はある客観性を帯びてくるというのは当然あり得ると思うので、多様な角度からあのテキストを論ずることは可能だと思うんですね。

ところが、その前に全部否定してしまうものだから、一切の可能性が生まれてこないことになってしまう。

長山　今おっしゃったのは、結局、記紀の内面的批判ということだと思うんです。けれど、津田さんは内面批判せずに、形式論理で記紀を切ったわけですね。これはやはり日本の史学がまだ生まれたばかりですよね。ヨーロッパでもそうですけれど、近代史学が出てくるときには過去の文献なんかも全部否定するんですね。それの研究が進んでくると、実はなにも全部否定すべきではなくて、真実を含んでいるのだということになってくる。そういう段階の研究だと思うんですね。それを戦後になって、むしろ政治主義的に津田さんをかついでしまったという、いまだにそれから脱却できていないということだと思うんですね。

要するに、小路田さんが引用しておられた原秀三郎さんの「天皇制を否定するものはすべからく大化の改新を否定せよ」という論理になってしまうわけですね。

「前方後円墳国家」の位置

広瀬　私が率直に聞きたいのは、古墳時代を古代史をやっておられる方はどうみておられるのか。考古学の研究も踏まえて、まああまり読んでおられないと思いますけれども。おそらく各地の首長は前方後円墳の背後に大和政権をみているはずです。あるいは前方後円墳国家のメンバーシップとしての意識をもっているはずです。そうでないとああいう現象は起こらないと思う。それをどういうふうにみられるのか。まして、北陸でつくられた碧玉製品が大和に集められて、そこからまた全国に配られていく。北陸の首長たちは、自分たちでつくっておきながら自分たちは手に入らない再分配システムができあがっている、鏡も鉄もそうです。ものすごく綿密なネットワークです。

長山　むしろ逆にお伺いしたいのは、地域国家論について考古学の方はどう考えられるか。

広瀬　そういうのはあまり考えていません。今度も『前方後円墳国家』に書きましたけれども、国家という概念をどう考えるかという問題ですね。先生はエンゲルスに依拠されているのですか。

長山　いや、あれではだめだということを書いているんです。

広瀬　日本古代史がなぜこれだけエンゲルスの『家族・私有財産・国家の起源』にこだわって階級支配のためのシステム、機構を国家と認定する、そこからなぜ逸脱できないのか。逸脱したように書くともう袋だたき状態、先生もそういう経験をされたようですが。階級というのは果たして考古資料で語れるかどうかという根本的な問題があるんですね。

小路田　今日いわれたように、だれかを特別に埋葬するという、つまり人間の間に差をつくっている。埋葬するという行為によってそれを表現する。このことはどういう意味をもつのか、このことをどういう概念で表現すればいいのかという問題は当然ありますよね。そして、そのことは実は、今広瀬さんがおっしゃっている古墳という、みせるために同じようなものを、しかも階層性をもってつくるということが古墳時代の特徴であるとすればそのことをもっとも研ぎ澄ました時代のはずですよね、考えてみると。それを国家論なりつまり我々がわかるような言葉のレベルで表現したときに、どう表現できるのかという問題を出してほしいなと思います。

さらにいえば私が禰宜田さんなら、紀元前五世紀から広瀬さんのいっておられる古墳時代の末までを一くくりにして、社会的階層性を墳墓で表現する時代として段階規定をする。そこに一つの大きな時代概念を見出したいと思いますね。私はそこで初めて、今問題になっている記紀という、八世紀に書かれたテキストに表現された歴史と、現実に存在した歴史というものとの照らし合わせが、実は可能になるのではないかと思います。

そこで初めて記紀をアプリオリに信用するかしないかという議論ではなくて、考古学と文献史学の双方がもう少しせめぎあって議論を構築していく条件が生まれるような気がするんですよ。だからその問題提起はものすごく面白いもので、広瀬さんの前方後円墳でやられていることと、今日、禰宜田さんがどうしても紀元前五世紀で切りたいという、そこにむしろ重要な革命的展開があるのじゃないかといわれたこと、これをつなぎ合わせていって、そして記紀の叙述をどう読まなければいけないかという問題と重ねていくような、そういう共同研究ができる条件があるのじゃないかと思いますね。

　私が日本の考古学の人は変だなと思うのは、シュリーマンのように空想的に「あるぞあるぞ」と思って「あった」といって喜ぶ考古学者があまりいない。日本の考古学は「ないないない」といって、「あっ出てしまった」というふうに考える。なんか奇妙な習性じゃないですか。

広瀬　分類の体系を自分たちでつくったけれども、理論構築の伝統をもっていない学問の悲しさではないでしょうか、一言でいえば。

小路田　そうなんですか。

長山　しかし、これから大きな展開があるとすれば、本当は天皇陵の発掘ですよね。

広瀬　私はそれはあまり重視していません。

長山 そうかもしれないけれど、とにかく天皇陵を掘らせないのは、記紀を否定するものが出たら困るというあれがものすごく……。

広瀬 学問のレベルでは天皇陵の研究は相当に進んでいますよ。

長山 王墓などで我々にとっては非常に残念なことだけれども、墓に書いたものを入れるということがなかった。これは非常に珍しいことだと思うんですね。朝鮮まではきている。

広瀬 朝鮮半島でも武寧王陵など一部だけです。日本の古墳は共同体的な性格が強くて、個人性が発現してくるのは五世紀の終わりごろからです。

長山 ひょっとすると、文字資料的なものが入ったものが出るかもしれない。

広瀬 いや、墓誌は出ないでしょう。前方後円墳は共同性が一番大きな属性ですからそれは出ないと思います。

長山 属性かな?

広瀬　五世紀末以降には数例はあってもいいかもしれません。五世紀以降は共同体再生産のための道具以外の個人を顕現するものが副葬されだす。金製の冠とか靴とか。装飾性の強い大刀とか馬具というふうに。

若井　そういうところに銘文が書いてあることはあるわけですね、稲荷山の鉄剣銘みたいのが……。

長山　稲荷山以後はやはり相当大変なことだと思うんですね。

若井　七支刀までいくのじゃないですかね。そこまではいかないですか。七支刀に大体書いていますよね、百済からもらったと。

日本という国家の形成のされ方――「征服」の位置付け――

若井　私なんかは、『古事記』や『日本書紀』というものを踏まえて考えると、小路田さんが持論で、大きいところが分かれて国家になったといわれていますが、私はまだ素朴な大和の地域国家が征服していくと思っているものですから、津田さんがあれを否定したというのは、津田さんの議論はすごく政治的なものがあって、小路田さんがやられて、小熊英二さんが少しやられていますが、私はやはり天皇制というのが征服・被征服のすごく血塗られたものから出てきたというのを、津田さんは応神以前の物語を否定することによって、非常に仲よしこよしの天皇制の幻想をつくったと思うんです。ところが、ヤマトタケルとかみたらわかるんですけれども、本当に流血のなかから古代天皇制がたちあがってきているんですよ。

私は非常に面白いと思ったのは、左翼の人たちが天皇制を批判するといいながら、一方で津田史学を擁護せんとしたがために、津田さんの陥穽にはまってしまったわけですよ。つまり、われらの天皇という考えをもっている津田さんが望んでいた血塗られた古代国家の成立みたいなものの否定を左翼の人は受け入れてしまったんですね。

右といわれる人のほうがむしろ記紀を信用しなければいけないものだから、田中さんなどは、征服はするのだがそんな無茶苦茶なことはしなかったなどと、回りくどい言い方をされるわけです。

私は記紀の大和王権の成立論が絶対に正しいかどうか、それはわからない。わからないのですけれども、それを読んでいくとすごい征服をやっているんですね。地域をほとんど根絶するような、九州の風土記などをみるとわかりますが。私はそういうものから大和王権は出てきたと思っているんです。そうしたときに、考古学でいわれているネットワークの首長の連合体のようなものと非常に合わない。

広瀬　首長のネットワークでも改変されています。

若井　もちろんそうなのですが、そうなると……。その中央から、例えば景行の子どもを封建したと書いてある。

そういうのが別（ワケ）や国造のルーツだとか。記紀や『新撰姓氏録』でもそうですが、大王から流れたんですね。あれは大体後からくっつけたという論になるのだけれども、果たしてそうかなと。

都出さんなども、幕藩制国家のようなものと大和王権を、前方後円墳体制を非常に近しく比喩されるのですが、その前には戦国のものすごい動乱がある。幕藩制のもとの大名というのは、そこそこの土地でできたような連中はほとんどいないんです。みんな配置がえされて、一向一揆などぼこぼこにやられて、闘っても滅ぼされている。そういうもののなかから統一国家というのがたちあがってくると思うんです。

こういうと非常に失礼な言い方で、ご本までいただいたのに失礼な言い方ですけれど、広瀬さんの前方後円墳国家論は、この前のシンポジウムぐらいしか読んでいないのですが、失礼ながらすごく牧歌的な気がして、そんなになまやさしいものだったのではなかったのじゃないかと。

広瀬　武力を強調しています。さっきもいいましたように、首長墓というものが生まれてから消えるまで、副葬品で終始一貫見られるのは武器です。鏡にしても馬具にしても、消えたり入ったり。武器だけは弥生前期末から七世紀後半までずっと入っています。もう一つは、大王墓から農民墓にいたるまで武器が副葬されています。今まで前期古墳は宗教的だとか祭祀的といわれます。それはものの片面なのですが、本当は古墳時代前期後半のメスリ山古墳とかマエ塚古墳は、槍を一〇〇本とか剣を一〇〇本とかを副葬しています。

若井　そうでしょうね。

長山　私は征服によって大和国家ができたのではないと思っているんです。日本の国の歴史の特徴は、非常に早い時期に国家的な統一がなし遂げられて、対内的な平和がそこで成立したところに日本のその後の歴史まで含んだというか、規定した特徴があると思っているんですね。

考古学的に倭王武のああいう日本の東西征服という、そういうのはないでしょう。

広瀬　でも古墳の中から武器はたくさんでますよ。

長山　それは実際に武器を使って……。

広瀬　実用品なんです。一例をいえば、水戸黄門が発掘調査したので有名な上侍塚・下侍塚古墳のある那須地域には、三世紀中頃から四世紀後半ぐらいまで、六代にわたって前方後方墳がずっと、つくり続けられるのですが、面白いことに、三世紀中頃以前の集落遺跡はほとんど絶無に近い。だから、内的発展段階論的な解釈はそこでは通用しません。まったく原野のところに前方後方墳がつくられて、それに随伴した小方墳もたくさん築造されています。だから首長層が開発のために農民層を引率して団体でいく。そして首長墓の系譜が途切れた五世紀前半から集落遺跡が増え出す。これは一体何だろうかと。

長山　本当に血塗られた征服によってできてくるのだと……。

広瀬　戦争があったと思いますね。談合国家のようなものがあるかもしれないけれども、やはりその背景には衣の下の鎧があった。そうでないと集団同士の利害対立の解決がつかないですね。

長山　そうだとすると、もう少し防御して整えた都市みたいなものがあちこちにできないといけないと思うんですよ。

広瀬　古墳時代の豪族居館は防御的です。

長山　それよりもっとレベルの高いものですね。朝鮮などでは都というのは城なんですね。それから以後、ずっと日本では自分たちの住む都市的な集落を頑丈な城壁で囲むという習慣がないですよね。それから以降もずっとそうですよね、戦国時代も。日本の場合には、戦国以後でも武士のいるところは城壁で囲むけれど、一般の人たちが城壁の中に住むなんてことはないわけですからね。そこが決定的にヨーロッパの歴史と違うところですね。

小路田　人が人を殺すというのは大変なことですよね。たぶんいつの時代でも大変だったと思うんですよ。そうすると、征服をするということが本当に成り立つのだろうかと、私などは思ってしまいます。つまり人でないと思っている人間を殺すのはできるだろうが、人と思っている人間を殺すのはできない。そうすると唯一殺せる方法は何かというと、自分が国家を背負う場合、官軍であると思う場合。それに逆らう、だから倒せるという議論をする場合ですね。

ということは、その戦いが始まるときには既に国家があるということなんではないでしょうか。国家の版図のなかに入っている人々ですよね。それが自分たちに対して刃を向けてきた。これは賊だという精神的処理をしたときに初めて殺せるのではないか。その問題はそうでないかもしれないのだけれど、でも、だれも考えていないですよね。まず国家ありきで、まず国家ありきだから、逆に逆らう者に対して誅伐をくわえるということが無慈悲にでもできる。それがもしそうではなくて、同じ資格で横っちょに住んでいる者同士が、あそこのあれを盗んでやろうかという話で始めて、そんな戦争が延々と続いて一つの社会を形成していくということが本当に人間社会に起こるのだろうか。このことは一度考えてほしいなという感じが私はするんですよ。

長山　もう一つ、そういう内部的な問題ではなくて、人が人を殺すもっと大きな動機はやはり異種族に対するものですね。そこもまた日本と違うところで、これは戦わなければ自分たちが種族ぐるみで滅ぼされ、あるいは奴隷にされるという状況になかったんですね。だから、国家ができたことによって内的な平和が成立したとともに、対外的な平和も日本の場合はできあがってしまったという特質があると思うんですね。だから、世界のほかの地域のように、絶えず異種族の攻撃にさらされているところではそれを契機にして国家ができたりする、また戦争も起こってくるわけですね。

小路田さんのいわれるのは、今まさに誅伐といわれたけれど、法の執行の一形態としての戦争なんですよね。

小路田　それはできると思うんです。それは山ほどあると思うんです。

歴史を記憶することと書くこと

小路田　あって当然ですし、逆にいうと、国家というのは一度たちあがるともう簡単には壊れないと思うのだけれど、逆に国家というものが安定することは絶対にないと私は思います。今でも不安定だと思うんです。だから、いつクーデタが起こるか、いつ何が起こるかわからないと思うんですね。

そういう状況を抱えながらでも、そもそも国家というのがそこにあるからこそ逆にクーデタも起これば殺戮も起こるのだという社会と、無国家の状態で、だれかがだれかを打ち倒して国家をつくっていくという社会とはまったく意味が違っていて、そこの腑分けというか、考え方の整理があいまいなのじゃないかという感じがしています。

さて少し話題をかえますが、これは私が聞きたいのですが、『大日本史』の校正をするときに、目のみえない塙保己一の記憶力に頼らないと校正ができなかったわけですね。つまり、ほかの人ではできないわけですよ。いちいち本のつき合わせをするような人ではだめで、どこそこにはどう書いてあるというふうに彼がいうから、初めて事実のディテイルにわたる校正ができて、初めて版木にして出せるわけですね。

それを考えると、人の記憶力のある意味でのすごさというか、つまり文章になるものをつくるためには、実は人の記憶に頼るしかない。しかも、それは必然的に記憶に頼るしかない目のみえない人に頼るしかないというのは、私は日本史学史の単なる偶然ではないような気がするんですよ。

ということは逆に、稗田阿礼の記憶力に頼るしかない。この記憶力というものがもつ大きさというか、質の高さがあるような気がして、それをこれまであまりにも軽くみているのじゃないか。それをわれわれふつうの……「ふつうの」という言い方がもしかしたら差別的な言葉かもしれないんですが、人間がもっている程度の記憶の延長上に物を考えすぎていて、非常にすぐれた人の記憶の蓄積のされ方があるような感じがする。

そういう問題と、実は『古事記』や『日本書紀』の成立という問題とは一度重ねてみる必要があって、あれが信憑性があるかないかという問題の一つのファクターは、実は人間の記憶というものが無文字社会、あるいは文字が未発達な社会でどの程度の力をもっていて、それがどういう社会的機能を果たしているか。そういうことを考えてみることが大事なのではないかと思いますね。

長山　それは前にも小路田さんとお話ししたことがあるんですね。津田史学の決定的な問題点の一つなんです。津田さんは、人間の記憶が正確に伝わるのは五〇年そこそこと考えている。たった五〇年ですよ。そこから『古事記』や『日本書紀』のもとになっている旧辞の成立の時期を決めたわけです。『古事記』では大体、顕宗天皇ぐらい、五世紀末に近いぐらいまでの記述しかなくて、あとは物語がないわけですね。そしてしかも、顕宗天皇以前は完全に伝説的なあいまいな記述しかない。ということは、顕宗天皇までの歴史事実というのは、それについての記憶が薄れてしまったぐらいの時期に聞き書きができたのだという説明で、六世紀の前半ぐらいに旧辞ができたという論理なんですね。

若いときは五〇年というともうはるか、気の遠くなるような向こうですから、ああそうかなと思っていたんですよ。ところが、今年取ってみると五〇年というのは何でもないですね。敗戦のころのことは昨日のように覚えているわけです。しかも、小路田さんがおっしゃるように、古代というのは過去のことをそのまま記憶して伝えるということに非常に大きな価値を見出した社会ですから、記憶というものの存在のあり方もまた違うわけでしょ。

そういうことをまったく考えずに津田さんがやって、戦後の一流の研究者たちが何の不思議も感じていないように、その五〇年そこそこということで旧辞の成立時期を決めていたというのは、本当におかしなことですよね。

小路田　私は西谷地さんと話しているときに教えられたと思ったのは、人間というのは大脳がほとんど発達していない状態になっている、そういうふうになってから逆に、文明としてはものすごく発展を遂げてきた。ということは、人間が個体としてもっている能力のそとに、情報を集積し利用するメカニズムをものすごく発展させるわけですね。その場合に、一つは当然言語ですよね。そうなのだけれど、言語というものを蓄積していったり、あるいは分類したり取り出したりという作業は絶対に必要で、それは貨幣も流通手段であると同時に蓄蔵する手段であったりいろいろなことがあるのと同じことだと思うんですね。

それがある段階からは図書館なんですね。あるいは文字記憶なんですね。ところが、それは明らかに言語の発達よりはおくれているし、その間に社会が動いていないのではないので、そうすると言語が成立していて文字が成立する前の段階に、どういう形で文明をつくり得るような情報の集積、分配をするメカニズムをもっていたかというのは大問題だと思うんです。

それはまさに人間だからこその大問題で、そこのところを解かないといけない。そういうことも含めて考えると、人間が人間になるということはすごいことであって、いわば進化論でいうところのカンブリア爆発のようなものがやはり起こっているので、それが起こっているというベースのうえで我々は歴史を考えなくてはならない。我々が「人類の歴史」というふうにして理解するものと、「人間の歴史」としてせいぜい千年、二千年、三千年の単位で理解するものと、この二つのものを常にそれぞれに互換性をもたせながら、フィードバックさせながら、考えなければならないわけです。その意味では、我々がふつう未開とか野蛮とかいった表現で処理してしまいがちな社会が決してそうではないという認識が大事なのだと思っています。

広瀬　それはわかるのだけれど、そういう話をすると、さっきの人類史みたいな、個人と人類一般が無媒介につながってしまうというところがある。日本という国土、日本列島でもいいですが、それと時代単位でいかないと、つまり具体的な時－空を分節化しないといけない。そういう意味で類型としては三つぐらいしかないと思います。無国家の時代はもっと広がりをもってもいいけれど……。

小路田　私は個人的に無国家の時代はないと思っているんです。

広瀬　前方後円墳一つとってみても、そこで論証できるものと墳墓一般のそれとは違う。例えば、中国の同じ時期の墳墓には霊肉分離の観念が成立していて、個人性が前面に出ています。これこそ墓誌が出ている。いっぽう、前方後円墳は共同体的な性格が強い。だからこそ国家を表象しうる、というふうなことをきちんとやっていかないと。個人と人類が無媒介にくっつくと、それこそ日本史は成立しない。

小路田　そういうことをいっているのではなくて、人が人になる歴史のことをいっているのです。人間が社会をつくっているという意味においては、今日とほとんど違わない原形がどこでできているかというときに、言葉の成立であるとか……。

広瀬　それはわかるけれど、それは歴史の外でやってもいいのじゃないでしょうか。

小路田　いや、それを歴史学が含み込まないといけないと思うんです。

広瀬　視点としてはわかるけれど、与えられた資料群との論理的整合性がとれるかどうか。

小路田　視点だけでも。でも、今まではそれを忘れすぎているんですよ。それこそ律令制国家の直前までは未開だといってみたり、あるいはもっとひどい話では、一九世紀まで自給自足の村があったなどといってみたり、先入観にとらわれすぎているのですよ。

広瀬　それは視点としてはつつみ込まなければいけないけれども、与えられた資料を論理的かつ整合的に説明する前に、そういう大きな話にもっていかれても困るわけです。あえて「前方後円墳国家」と名前をつけたのはそこです。「古代国家」といわなかった。日本古代の歴史は、例えば韓国の人たちと共有できるのかどうか。韓国の栄山江流域に見つかった前方後円墳の評価が、韓国の研究者と一致した評価ができるのかどうか。

若井　古代史学自体がいま移行期なんですよ。(笑)

古代史学の今後に向けて

小路田　移行期というのは何でも証明できるようなんですが、無意味な議論ですよね。

さてそれはさておき時間がきましたのでそろそろ閉じたいのですが、最後に一言あればほしいのですが、禰宜田さんと、あまり発言されていない西村さん、山中さんの三人からまとめていただけませんか。

禰宜田　今日は弥生時代の開始が五〇〇年遡るとなると、前期末に大きな画期を認める必要があるということをお話しさせていただきました。この話を受けて、小路田さんは、前期末に政治的なものが入ってきて、それが列島社会を大きく変えることになったのではないかという考え方を示されました。文献の立場からも、この時期の画期を積極的に読みとることが可能なんだということを教えてもらいました。今日のみなさんの話を聞いていて、前期末の意味をさらに考えていく必要があると言うことを改めて認識しました。

神武東征の話もありましたが墓に武器などを副葬するのは九州なんですね。それで弥生時代の終わり頃から近畿でも、議論になりました。考古学的に西から東への移動していったものについて考えていたんですが、例えばそうした副葬が始まります。前方後円墳にともなう各要素、墳丘・埴輪・副葬品などにしても、近畿は受容する立場だったわけです。近畿の古墳時代の要素のルーツをみていくと、九州をはじめ西の方からきていることは事実なんですね。こうした考古学事象が、文献とどうかかわってくるのかということも考えていく必要があるということも勉強させてもらいました。

それと、考古学では、旧石器時代、縄文時代、弥生時代という呼び方で時代区分をおこなってきました。これは使用している道具でもって時代を区分しているわけですが、すでに弥生時代については水田稲作をおこなった時代だという考え方が出てきています。もし、そうした考えをとるならば、ほかの時代についても、時代を特徴づける新たな定義が必要だということも改めて考えさせられました。今日は、農耕で区切ったときにどうなるのか、墳墓で区切ったらどうなるのか、という視点が出されたわけで、こうしたことについても、これから考えてみたいと思います。

こうしたことは、一部の考古学研究者の間では研究が進められています。しかし、私の場合、なかなか広い視野をもつところまでいっていませんでした。今日、こういう形で文献の各時代の先生方と話ができて、新たな課題が見つかりましたし、広い視野をもたないといけないということを改めて痛感した次第です。

山中　私は今の禰宜田さんの意見に近いのかもしれません。私は歴史時代の考古学ですけれども、特に最近は古墳時代から歴史時代、つまり律令国家成立前後が、どういう状況なのかということを、地域のあり方から探ろうとしています。そのときに非常に強く思うのは、古墳は古墳の研究で、律令国家は律令国家の研究で、その間にまったくつながりがない。例えば、七世紀の前半とか六世紀の末は両研究が重なりあうところであるわけですが、後期古墳と初期寺院の研究が、律令国家の地域支配の当然前段階の様相を呈しているはずなのに、それらが律令国家による地域支配にいかなる役割を果たしたのか、影響したのか、についての発想はほとんどないわけですね。

例えばさっきも部民制や国造制をひとくくりにしてと広瀬さんはおっしゃったのですが、しかし部民制や国造制という形で文献が定義している問題について、考古学が、そういう視点があるということをちゃんと認識して分析しているかというと、必ずしもそうではないのではないかと思うんです。

例えば、さっきも雑談の中で埴輪の中に部民制が表現されないかというようなことをうちの学生がやろうとしていると申しました。きっとこれは文献の人からみると荒唐無稽にみえると思うんですね。けれども、本当に部民制が、五世紀の後半前後で成立するとすると、部民制が「物」に反映することもあるだろう。部民制や国造制は「物」にどのように形を変えるのか等、点検すべきことはたくさんあると思うんですね。

最近、たまたま必要があって、島根県の隠岐島の木簡を整理していて気付いたことがあります。島前地域は、知夫里島や西ノ島等小さな島で構成されていますが、島前から貢進された八世紀初頭の木簡に圧倒的に海部氏と阿曇部氏が集中するんですね。島後地域には阿曇部氏はゼロなんですね。これまでにもたしかに隠岐島にはたくさん部姓が多いといわれていたのですが、二條大路木簡の発見によって明らかになったことは、島前に限って阿曇部氏がいて、海部氏も非常に多いんですね。島後にはほとんどいない状況なんですね。

これはもちろん八世紀初頭の段階の話ですけれども、隠岐島に部民制がある時導入されたからこそ八世紀代まで残っていると考えることができるわけです。ではその前段階に、隠岐島のどこにそういうものが認められるのか、これを考古資料からみてみると、実は島前には六世紀の後半に横穴が集中的にできてくるわけです。横穴には、ただ穴をくり抜いているだけのタイプと、家形にきちんとくり抜いているタイプというように二形態あり、階層差が認められるのです。横穴群は島前の各島の浦々にあるわけです。律令国家の地方行政単位でみると、郷里制下の里よりもさらに下の単位ではないかと思われる、リアス式海岸のそれぞれに横穴が分布するのです。そのなかに核になる横穴とそうでない横穴がある。

もちろんその核になる横穴のなかに特殊な副葬品が入っているわけですから隠岐島の島前地域の海産物取得集団が急速に組織化されたと解釈できるわけです。六世紀後半から急激に隠岐の社会は変わったのではないかという気がするんですね。特に阿曇氏は西日本の海部を掌握すると考えられているわけですから、文献の研究成果と合せて考えていくと、隠岐の島前においては少なくとも六世紀後半以降に部民制が形成され、海産物を中央へ貢調する体制が確立したといえるのではないかと思うのです。つまり、これまで考古学は部民制についての研究成果をほとんど勉強していなかったからこれに気付かなかったと思うんですね。

私は小路田さんや西谷地さんのように大局的に物をみられないので、とりあえずそういう形で今どういう考古資料を分析することによって、少なくとも文献で考えられていることと考古資料との間になにか橋渡しができるものがあるのか、ないのか。少なくともそこまでは当然やれることだし、やることによって初めて共同の土台ができて、論争もできるのではないかと思うんですね。

そういう意味では隠岐だけではなくて志摩や若狭などの律令体制下に形成された特異な小国についても検討しているわけです。結論だけ申せば、王権の海や海民の掌握には、一定の共通の時期があるような気がするんですね。少なくとも海民の部民制への統轄については考古資料からも特定していくことができる。文献史学による部民制研究の成果を正確に理解することによって、律令国家が制度的に整う以前の地域社会の支配の仕方がどうであったかということを、考古学のほうから具体的に述べることができるのではないかと思うんですね。

それは今回の弥生時代が五〇〇年遡るというときに、まさに禰宜田さんがそういう世紀の研究をきちんとやられているからこそ五〇〇年に大きな意味があるという評価が即座にいえるのと同じだと思うんですね。私は、そういう基本的な作業が考古学の面でほとんどできていないのではないかと思っているので、むしろこれからそういうことをやっていきたいと思います。

小路田　それでは西村さん、お願いします。

西村さとみ　議論をまとめるだけの力量を持ち合わせておりませんので、感想を述べることでお許しいただきたいと思います。

今日、この会に参加しまして、弥生時代のはじまりが五〇〇年遡るということは、単に弥生時代が長くなることではない、日本列島における歴史の展開過程をどのように捉えるのか、その問い直しが求められているのだと、投げかけられた問題の大きさを改めて感じました。

ただ、必ずしもそうした問題とは受けとめられないこと、その背景にそれぞれの人が抱いている歴史像があろうことも、十分に想像されます。自らの思い描く歴史像を、そこに収まりきらない事実に出会いながらも抱き続ける。言葉にしますと、おかしな心性のように思われますが、自信を持って、自らはそうではないとはいえないような気もします。

なぜかと申しますと、たとえば今日お聞きしましたような水田稲作、およびそれにかかわる文化の伝播のしかたが、集団のありように規定されているのか、されているとすればどのような社会がそこに広がっているのかと問われても、答えに窮してしまう、つまり、事実をふまえたうえで、歴史を語る言葉を定義し直す力が自身に欠けていることを感じるからです。事実の集積がそのまま歴史にはならないとすれば、このような状態にとどまる限り、事実の発見は意味を持たないわけですから。別な角度から申しますと、日本列島において、国家はいわゆる律令国家として確立されるとみなし、その成立までを地域の小集団が次第に結合していく、長い長いプロセスとして描くことに違和感を覚えたとしても、そこにいかなる国家観があり、どのような国家観をそれに対峙するのかといった問題を自覚化しなければ、議論も成り立たないと思われるのです。

もっとも、これは私自身の問題であり、たとえば国家を事実とのかかわりにおいてどのように概念化しておられるのかといったことを、それとして、もう少し伺ってみたかったなどと申しますのは、甘えに過ぎないのかも知れません。ただ、ここにいらっしゃる方々のそれも、決して一様ではないことは窺われましたし、今日の議論を、歴史の方法をめぐる問題としても整理し直してみたいと思っております。

小路田　ありがとうございました。様々な論点が出されたと思いますが、考古学と文献史学が共通の概念を追い求める必要が今こそ高まっているのではないかと思いました。皆さんの共同作業に期待します。特になければ、ここで終わります。長時間にわたる討論を有難うございました。

（了）

コメント

律令国家形成前段階研究の一視点

―部民制の成立と参河湾三島の海部―

山中　章

はじめに

日本考古学の研究課題として、律令国家成立過程の解明は重要なテーマの一つである。にもかかわらず、律令国家成立前段階に相当する古墳時代後期の研究は、もっぱら古墳の構造や副葬品の比較研究、須恵器の編年研究等に終始し、それらの研究によってもたらされるはずの王権と地方権力との政治的、社会的関係や古墳時代前期以来の関係の変化についての考察はほとんどなされていないのが現実である。

一方、文献史学においては、部民制の研究を基礎にして、国造制、屯倉制に関する研究が進められ、特に律令国家形成の基礎となった評制に関する孝徳朝全面立評が提示される［鎌田元一　一九七七］ことによって、律令国家成立前段階における中央と地方との関係が鮮明に描かれるようになった。

評制が成立する六四九年とは、古墳時代後期後半である。古墳時代後期は五世紀後半の横穴式石室の採用をもって始まる。六世紀前半には全国に横穴式石室が展開し、地域の新たな首長層を中心に新しい墓制が採用される。六世紀後半になると各地の墓制が一変し、横穴式石室を中心とした群集墳が形成される。七世紀後半には特定の首長層を中心に横口式石槨という新しい石室構造を採用するが、この頃には権力のシンボルとしての位置を寺院に取って代わられ、古墳は姿を消していく。

この様な古墳時代後期の墓制の変化と文献史学による部民制、国造制、屯倉制、評制とがいかに関係するのかしないのか、本稿では、律令時代に贄として佐米楚割を貢納した参河国播豆郡(以下、参河国貢進の平城宮木簡の記載に従って「播豆郡」を使う。)篠嶋、析嶋(佐久島)、比莫嶋(日間賀島)(以下総称して参河湾三島と呼ぶ。嶋名のあとの(　)は現在の島名表記)の古墳時代後期を分析して、大和王権と海産物収取者としての海部が、いつどのような形で配置されていったのかについて考察を加えることとする。なお、本稿は、同様の意図で分析した隠岐国の海部氏の分析[山中章　二〇〇三]と対をなすものであり、併せて検討いただきたい。

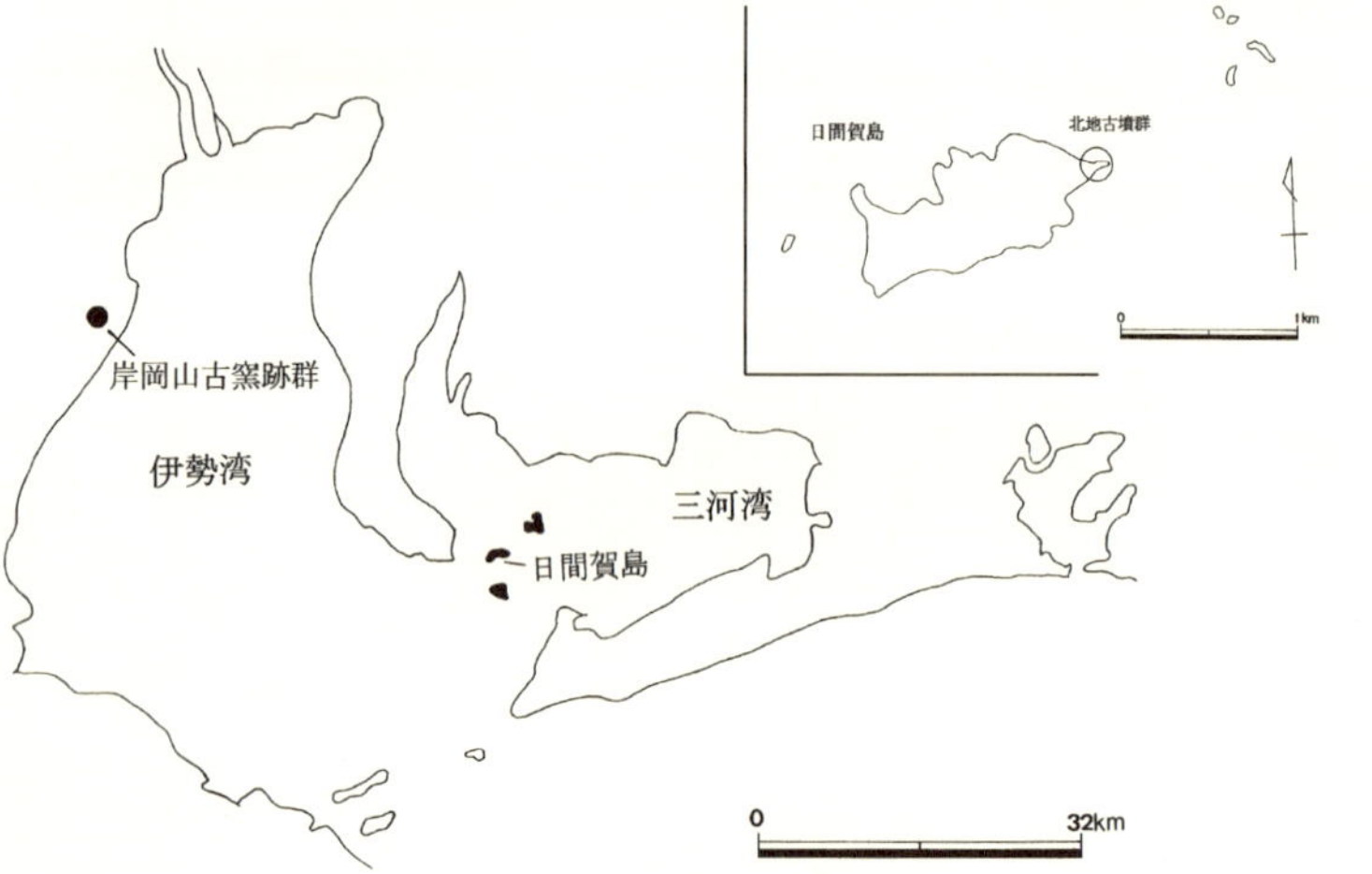

図1　参河湾三島と日間賀島

一　参河湾三島の海民

参河湾三島の歴史は、篠嶋の小磯島遺跡で発見された縄文時代早期の土器片に始まるという。篠嶋では以後、南風ケ崎遺跡、神戸四四番地・五二番地遺跡から中期の良好な土器群が発見され、さらに、神明社貝塚からも後・晩期の遺物群が大量に出土している［南知多町　一九七七］。三島の歴史は縄文時代に篠嶋に始まるようだ。比莫嶋（日間賀島）でも、田尻・立石遺跡で発見された縄文中期土器片、新井浜貝塚で採集された縄文後期の土器片等によって、縄文時代中期には人間の足跡が確認されている。新井浜貝塚は弥生時代全般を通じて人々の痕跡を残す貝塚であり、引き続き島内での諸活動を確認することができる［南知多町教育委員会　一九七九］。新井浜貝塚からは数多くの魚介類が確認されており、その立地、出土遺物などからみて彼らの生業が海産物の収取にあったことは間違いなかろう（以下この様な人々を海民と呼称する）。

参河湾三島における古墳時代海民の生業痕跡は、篠嶋式と呼称される製塩土器の出土によって確認することができる。立松彰の研究によれば、三島における製塩土器出土地点は一一箇所（析嶋（佐久島）二、比莫嶋（日間賀島）六、篠嶋三箇所）に及び、その初現は古墳時代前期に遡るという［立松彰　一九九四］。東海地方における土器製塩の開始は清水遺跡出土製塩土器によって確定された。広瀬和雄によれば、これは大阪湾出土脚台ⅠB式そのものであるとされ、引き続き脚台Ⅱ式・Ⅲ式に相似した製塩土器が渥美半島や知多半島から出土しており、「弥生時代の終わりごろから古墳時代の中期ごろにかけて、大阪湾沿岸の製塩集団がこの地域の土器製塩に強く干渉していたことは否定できない。しかし、大阪湾を活躍の舞台としていた海民が、紀伊半島を大きく迂回して、遠く東海地方三河湾の海民に、自発的に土器製塩を伝授したとは到底考えがたい。」とする［広瀬和雄　一九九四］。大和王権によって、土器製塩という技術を携えた海民が遅くとも古墳時代前半には参河湾三島に派遣され、塩生産が開始されていたのである。

大和王権による土器製塩技術の導入後、参河湾三島の製塩土器は独自の展開を示す。篠嶋式と呼称される製塩土器は渥美式、知多式製塩土器に常に先行する形でその型式を変化させていく。これらの土器製塩と大和王権との関係を探る材料は今のところない。唯一後述する古墳時代後期の北地古墳群の中にその材料を認めることができる。

二　古墳時代後期の参河湾三島海民の変化

参河湾三島の古墳の分布調査や発掘調査は必ずしも十分ではなく、既にその多くが未調査のまま破壊されるか崩壊したと言われている。現在確認されている古墳は全て後期古墳で、篠嶋三基、比莫嶋（日間賀島）三五基、析嶋（佐久島）三八基であった。篠嶋の三基については十分な調査が行われたものが少なく、遺存する須恵器によって六世紀中頃から後半期の古墳であった可能性が高い。析嶋（佐久島）の古墳群は数多く知られるが、正式の発掘調査を実施した山の神塚古墳からは横穴式石室が確認され、内部には石棺がおかれ、金環などの副葬品が出土しているという。

上記二島に比べて比較的発掘調査の進んでいるのが比莫嶋（日間賀島）である。現在のところ三島でもっとも古いのが比莫嶋（日間賀島）の上海第二号墳である［磯部幸男　一九八八］。六世紀前半から中頃の須恵器を出す当該古墳は、三島に横穴式石室が導入された最初の古墳と推定できる。上海第二号墳は後述する北地古墳群とは異なり島の西部北岸に位置し、現状では群集しないが、海中に消失したものなどがあり、本来は群集していた可能性もある。副葬品として注目されるのはガラス製勾玉や碧玉製の管玉で、被葬者の階層性の高さを物語り、三島の首長的立場に位置したのであろう。

上海第二号墳に続くのが北地古墳群の四・五号墳である。両古墳の特徴は以下の通りである［南知多町教育委員会　一九七七・一九七九］。

①　四号墳は「宮の鼻」岬の最先端に位置し、五号墳はそのすぐ西に所在する。いずれも西に開口し、以外の古墳との違いを示している。

②　横穴式石室の平面形態は四号墳が長方形、五号墳が長方形

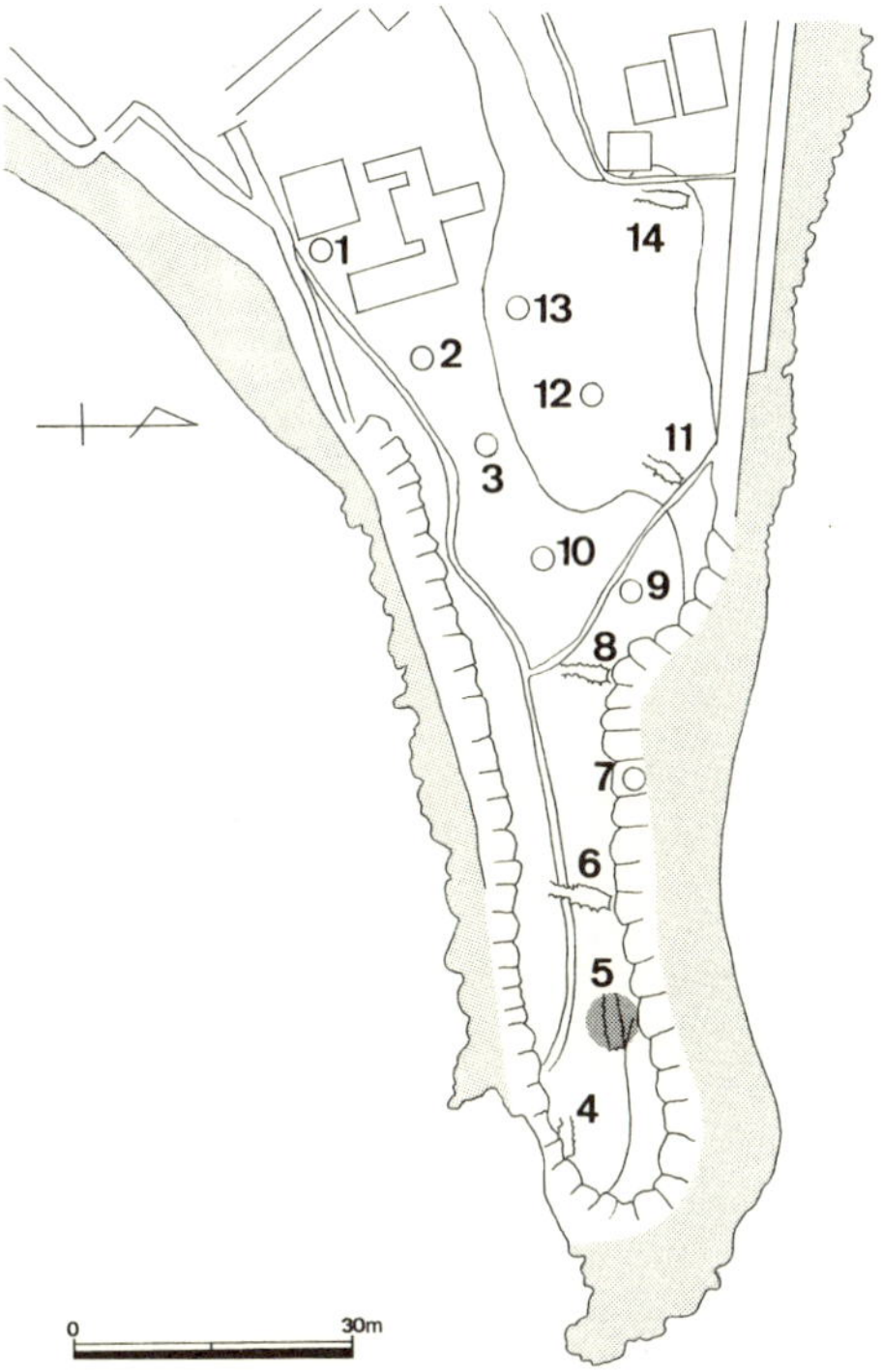

図２　比莫嶋（日間賀島）北地古墳群

でやや胴張り気味を呈する。

③ いずれもＴＫ四三型式古段階からＴＫ二一七型式前後の土器を含み三回程度の追葬があったものと推定できる。

④ 四号墳は破壊が激しく、本来の副葬品の様相は明確ではないが、五号墳はほぼ原形をとどめ、その内容を確認することができる。

⑤ 両古墳の特徴的な出土品は鮫釣り用と推定されている長大な鉄製釣針と延縄用のだるま形石錘である。

⑥ 上海第二号墳をも含めて鉄鏃が多数副葬されている。

⑦ 五号墳からは三重県鈴鹿市岸岡山窯産の脚付短頸壺が出土している。

四・五号墳に続くのが六・八・九・一一・一四号墳である。

① いずれも典型的な胴張型の平面形態をしている。

② 六世紀後半から八世紀までの須恵器を副葬している。

③ 開口方向が南南東である。

④ 六号墳には四基の組み合わせ式石棺が入れられ、それ以外に三基以上の追葬の痕跡が認められる。

⑤ 古墳時代後期から奈良時代の製塩土器が六・一一・一四号墳から、だるま形石錘が六号墳から、鉄製釣針が九号墳から出土している。

⑥ いずれの古墳にも鉄鏃が入れられており、先の二古墳と同様の傾向を示す。

⑦ 六号墳からはガラス製の勾玉や小玉、碧玉製の管玉が出土している。

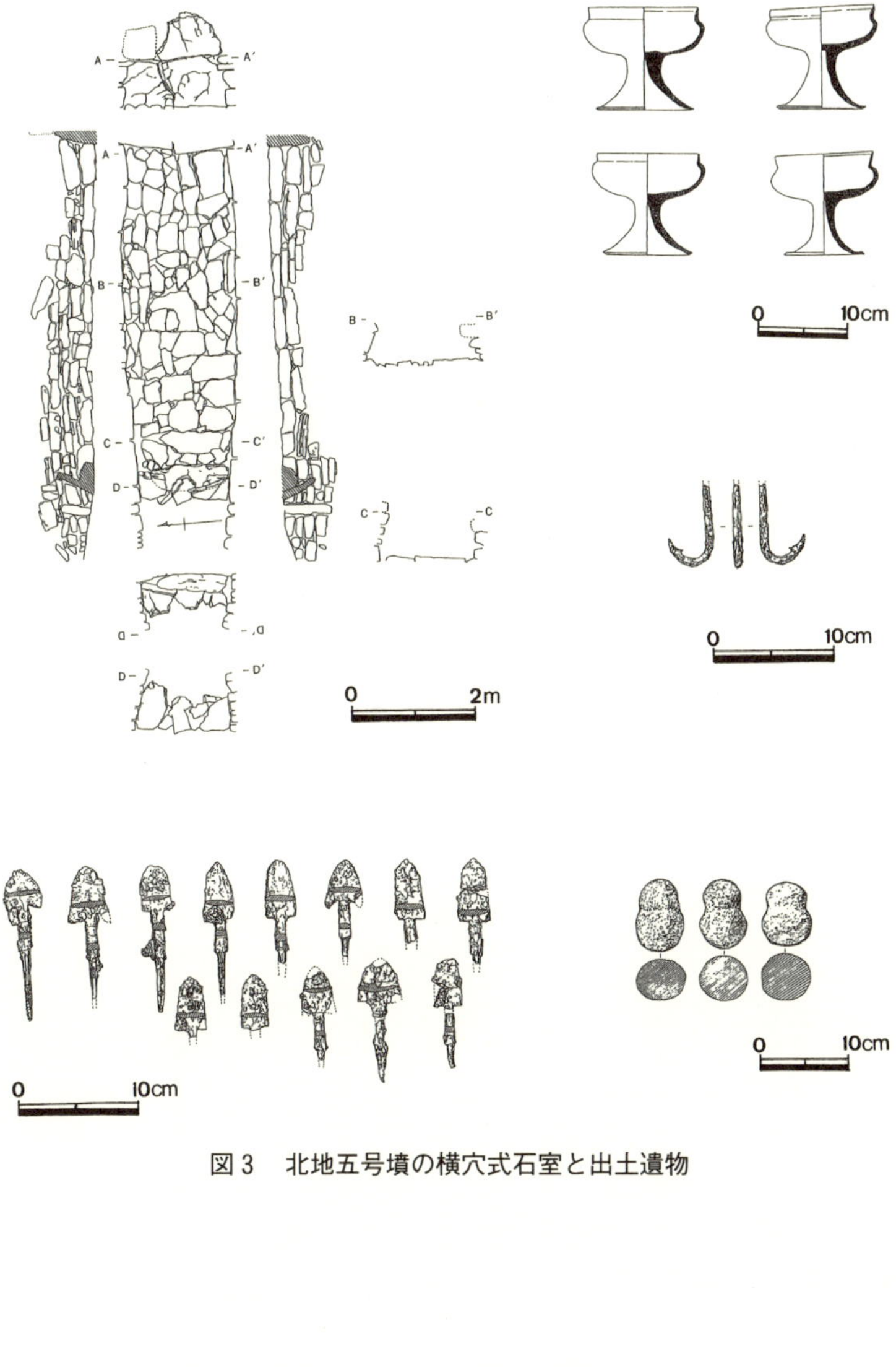

図３　北地五号墳の横穴式石室と出土遺物

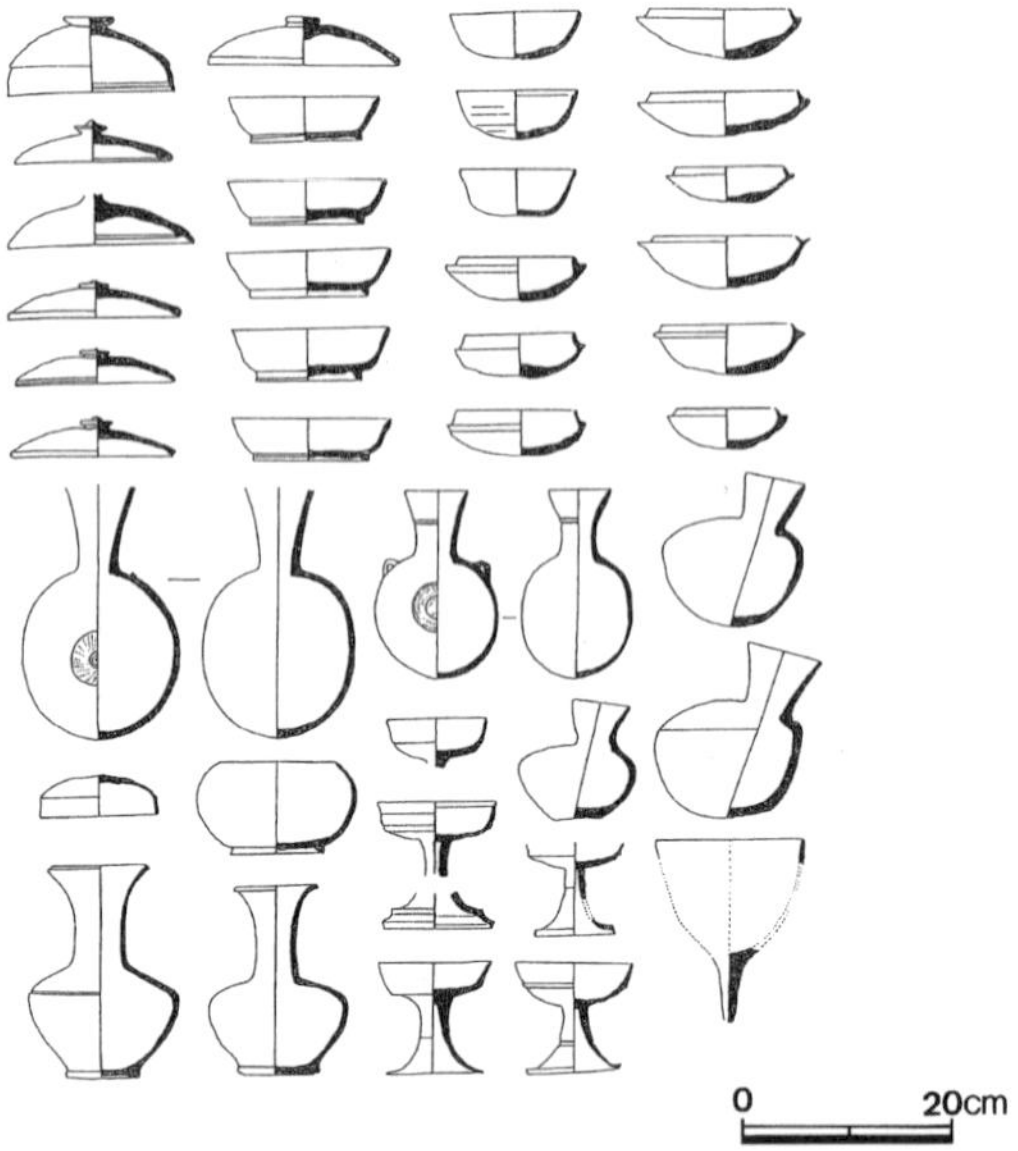

図４　北地六号墳出土遺物

三島ではいずれもＴＫ一〇段階の六世紀中ごろに横穴式石室を持つ古墳の築造が始まる。しかし、篠嶋では古墳の築造はあまり継続されず、単独墳が構築されるだけで、群集墳を形成することはなかった。これに対して析嶋（佐久島）、比莫嶋（日間賀島）では、六世紀後半のＴＫ四三古段階に構築された比莫嶋（日間賀島）の北地四・五号墳以降、同一地域内に継続的に古墳が築かれ、群集墳を形成する。横穴式石室の平面形が胴張型となる共通点を有し、同族集団の墓域と判断できる。墓域としての意識は奈良時代まで続き、北地六号墳のように七基以上の棺痕跡を確認できる古墳も認められる。群集墳の形成が自然発生的なものではなかったことを示す材料として、五号墳出土の脚付短頸壺をあげることができる。すでに同壺の分布については中野晴久の分析があるが、拙稿でも伊勢北部における分布の特徴を分析したことがある［中野晴久　一九九三、山中章　二〇〇一］。

六世紀前半に伊勢北部に進出した古墳時代後期の新王権は、井田川茶臼山古墳を核として中南勢地域に進出し、拠点の拡大を図る。さらに六世紀後半になると北勢地域では、鈴鹿、不破両「関」を結ぶ交通路上に、胴張型の平面形を有し、岸岡山窯産の脚付短頸壺を副葬する古墳が出現する。拙稿ではこの共通点を王権の直接的支配の結果と考えた。本仮説に立てば、比莫嶋（日間賀島）北地五号墳に認められる特徴は北勢地域と一連のものであるということができる。

彼らの生業が製塩と漁労であったことは副葬品が物語っている。特に、鮫釣り用の鉄製釣針の出土は後述する奈良時代の三島の貢納品と併せて刮目すべき点である。

三　参河湾三島の贄貢納者と部民制

奈良時代の参河湾三島の海部が贄として佐米楚割等を貢納したことはよく知られている。平城京出土木簡の検討を通して今日までに明らかにされた点は以下の通りである［今泉隆雄　一九七八、樋口知志　一九九一、山中章　一九九二］。

① 海部が月料として贄を貢納したこと。
② 原則として篠嶋が奇数月、析嶋（佐久島）が偶数月に貢進したこと。
③ 六～八月などの繁漁期には二島間で融通し合うことがあったこと。
④ 比莫嶋（日間賀島）は奈良時代前半期までは貢納の一翼を担ったが、中頃以降は主に二島が輪番で貢納したこと。

⑤　天平期には篠嶋、析嶋（佐久島）二島は「郷」として行政単位に整備されたこと。

⑥　篠嶋、比莫嶋（日間賀島）二島には多くの木簡製作者がおり、各島（郷）で月料の贄がまとめられ郡へ送られたこと。

平城京出土木簡によって参河湾三島に海部が存在し、彼らが伝統的な贄を月料という形で貢納していたことが明らかになったことは部民制研究にとって画期的なことであった。奈良時代に存在した海部はいつどのような形でこの島々に居住し、部民として王権に取り込まれていったのであろうか。先に検討した古墳時代以前の三島の考古学的所見と併せて考察してみたい。

三島に人々が居住し始めたのは縄文時代のことであった。灌漑用水路を整備して行う水田稲作が日本列島に伝えられても、彼らの生業は漁労であった。その生活に変化が認められるのは古墳時代初め、知多半島に伝えられた製塩技術であった。大和王権によって伝えられた土器製塩は水田稲作には適さない当該地域の生業を一変させ、永く塩供給地としての地位を保持し続けることになった。しかし、参河湾三島にはもう一つの変化が六世紀中頃から後半にかけて起こった。鮫捕獲の技術である。一〇cm前後もある大きな鉄製釣針は三島に固有のものであり、その技術がどのようにしてもたらされたのかは（三島で独自に開発されたのか否かも含めて）未だに明らかにされてはいない。しかし、遅くとも六世紀後半には鮫釣り漁の技術を獲得していた海民が、八世紀前半までに海部として大和王権に隷属し、定期的に鮫（楚割）を提供していた可能性は高い。彼らはいつ海部となったのであろうか。

既にみたとおり、三島の海民たちの社会は古墳時代に入っても大きな変化を見せることはなく、新たに伝えられた製塩を生業に加えて生活を営んでいた。ところが六世紀中頃に横穴式石室を埋葬主体部とする新たな墓制が伝えられると、急激に社会が変化する。変化を促したのが対岸にある伊勢北部の墓制や物資であった。胴張型の横穴式石室や、脚付短頸壺の伝来が三島に群集墳という墓制の階層差をもたらせたのである。この時点で新たに加えられた可能性の高いのが鮫捕獲用の鉄製釣針やイイダコの延縄漁に用いたと考えられるだるま形石錘である。石室内部に大量に納められた鉄鏃も、身の長さ四㎝前後、幅三㎝前後とかなりの大型品である。これらも鮫捕獲用の漁労具の可能性がある。伝統的な骨格器による鮫釣り具ではなく、大量捕獲を可能とする鉄製釣針や鉄製銛の導入である。

この様な参河湾三島における変化が、大和王権の伊勢北部の掌握と連動しているとすると、興味深いのは部民制の導入である。

既に確認したとおり、北地六〜一四号墳からは六世紀末から八世紀の須恵器の副葬が知られている。追葬行為の主体者が同族者であるとする定説に従えば、平城京へ毎月贄として佐米楚割を貢納した海部とはまさに彼らのことではなかろうか。参河湾に浮かぶ小さな島の海民達の一部が、六世紀後半に大和王権との関係をもつと共に階層差を生み出したとすれば、それはまさに部民制による海民の再編、つまり海部の成立とみなすことができるのではなかろうか。別稿で示したように、六世紀後半における海民の再編、海部の形成は、隠岐においても認められるところである［山中章　二〇〇三］。参河における鮫捕獲を目的とした海部の編成が、個別のものではなく、大和王権全体を貫く一本の明確な政策（海民の部民制への編成）だったと考えたい。

木簡製作に関する拙論では、三島においては各島々で木簡が製作されたと考えた。六世紀後半段階から大和王権との直接的な貢納関係を有した海部達の一部が、行政的職務を担い、識字層を形成していたからこそ、八世紀に入っても島単位の月別の贄貢納という特殊な税制にも対応できたのではなかろうか。別稿にも示したとおり、隠岐国からの海産物貢納木簡の書式や製作技法が、郷里制下の里以下の地域で異なるのが、海部の生活拠点である各浦々に、六世紀後半以降に海部（安曇部）が編成され、海産物貢納体制が整備されていたことによると解釈した点とも共通している［山中章　二〇〇三］。

なお、篠嶋や析嶋（佐久島）が郷と表記されるのに対して、現在のところ、比莫嶋（日間賀島）については表記例が知られない。樋口知志は比莫嶋（日間賀島）がいずれかの島（郷）に組み込まれたと推定している［樋口知志　一九九一］。既に検討したとおり、比莫嶋（日間賀島）は六世紀後半以降、析嶋（佐久島）と共に三島の中心的な島であった。八世紀に入っても北地古墳群には奈良時代の須恵器が副葬されており、伝統的な海部の墓域として使用し続けられていた。にもかかわらず、比莫嶋（日間賀島）からの貢納や比莫嶋「郷」の記載が認められない理由を、「編入」として片づけることが許されるのだろうか。この時期の比莫嶋（日間賀島）を特徴づける考古資料に製塩土器がある。他の二島以上に同島の製塩土器は比較的新しい時期まで継続している。海産物加工には塩が不可欠である。同島が塩生産に専業化したか、二島の調整役的な任務を負ったから、佐米楚割貢納「郷」として木簡に登場しないのではなかろうか。他の二島が郷に編成されたにもかかわらず、比莫嶋（日間賀島）だけがはずれ、編入されたとは歴史的に考えにくいのである。

おわりに

律令国家成立前段階の国家形態や社会状況に関する考古学からの研究が必ずしも十分ではない現状に対し、参河湾三島の古墳時代後期群集墳の分析から、海部の編成について一視点を提示した。既に述べたとおり、部民制の編成が参河湾という小地域のみの分析から見通せるはずはない。別に隠岐島についても検討したが、今後、志摩、若狭、淡路、伊豆、安房等海浜部に所在する小国についても後期古墳を中心に分析を加え、海部を通して部民制の成立を考えてみるつもりである。さらに、海部だけではなく、他の広範囲な部民についても考古資料を用いて分析する必要があると強く感じている。

律令国家成立前後の地域支配の構造がいかなるものであったかについて、山中敏史は、地方官衙の構造や立地などを通して精力的に研究を進めている［山中敏史　一九九四］。特に近年の孝徳朝全面立評に対する批判として出された研究［山中敏史　二〇〇一］は、その当否は別として、学ぶべき多くの点を含んでいる。

日本の古代国家が中央集権的な律令国家を可能とした背景には、地域ごとの多様な課題を、中国という大国をモデルにしつつ、克服しようとした古墳時代後期の歴史がある。文献史料の希薄なこの時期を考古学から検証しなければならない所以である。

〔文献註〕

磯部幸男　一九八八「日間賀島の古墳にみられる三つのタイプ」（『知多古文化研究一四一』知多古文化研究会）
今泉隆雄　一九七八「貢進物付札の諸問題」（『奈良国立文化財研究所研究論集Ⅳ』）
鎌田元一　一九七七「評の成立と国造」（『日本史研究一七六号』）
立松　彰　一九九四「Ⅲ－五　愛知県」（近藤義郎編『日本土器製塩研究』青木書店）
中野晴久　一九九三「脚付扁平広口坩考～須恵器における地域性の考察～」（『知多古文化研究一七一』知多古文化研究会）
樋口知志　一九九一「『二条大路木簡』と古代の食料品貢進制度」（『木簡研究一三』）
広瀬和雄　一九九四「Ⅲ－六　大阪府」（近藤義郎編『日本土器製塩研究』青木書店）
南知多町教育委員会　一九七七『南知多町文化財調査報告第二集　日間賀島の古墳』（南知多町教育委員会）
南知多町教育委員会　一九七九『南知多町文化財調査報告第三集　日間賀島の古墳』（南知多町教育委員会）
南知多町　一九七七『南知多町史資料編六』（南知多町）
山中　章　一九九二「考古資料としての古代木簡」（『木簡研究一四』）
山中　章　二〇〇一「伊勢国北部における大安寺施入墾田地成立の背景」（『ふびと五四』三重大学歴史研究会）
山中　章　二〇〇三「隠岐島島前の安曇部」（『河瀬正利先生退官記念論集』）
山中敏史　一九九四『古代地方官衙遺跡の研究』（塙書房）
山中敏史　二〇〇一「評制の成立過程と領域区分－評衙の構造と評支配域に関する試論－」（『考古学の学際的研究』昭和堂）

大和政権の地域支配

若井　敏明

はじめに

本研究集会の討論で私は、『古事記』や『日本書紀』（『記紀』）を古代国家成立論のなかで積極的に活用していくべきことを強調したが、その場で具体的なビジョンを提示することはできなかった。そこで、本コメントでは、大和政権の支配拡大の過程を『記紀』を中心とした文献から辿り、概略ながら私なりの見解を述べてみたく思う。

ここで、留意しておきたいのは、その際には文献に過度の解釈を施さず、その伝えるところに従って考察を進めるということである。そのような方法で破綻なく一定の史的イメージが描ければ、すくなくともそれは一つの有力な歴史像として提示されることが許されなくてはならないというのが、私の立場である。それすら認めないとすれば、もはや何をか言わんやであるが、そのような態度では、大和政権成立の研究に新たな前進はないと私は思う。なお、国家の定義についての議論があることから、本コメントではあえて大和政権という用語で統一する。

一　記紀の特徴について

『記紀』と総称される『古事記』と『日本書紀』であるが、両者には書物としての性格に相違がある。まず『古事記』はその序文にみえるように、諸家のもつ帝紀と本辞をもととしたものであって、内容は宮廷を舞台にした物語に満ちている。諸家とはおそらく飛鳥の貴族らであって、彼らが宮廷を構成していたという点から言えば、『古事記』が記しているのは宮廷伝承といってよい。そこには、ヤマトタケルの遭難した焼津を相模国とするような、地方の実情に疎い中央貴族の意識が見えている。私は、『古事記』は『大鏡』に比べられるような書物ではないかと思っている。『大鏡』は平安時代の国制を論じるにはおよそ役立たないようなエピソードに満ち、天皇や藤原氏の系譜についてすら過誤が認められる。しかし、著者やその受容者はそれらを歴史と考えていたのである。『古事記』の記述もまたそのようなものではないか。そこから、史実を探り出すのは容易ではない。

一方、『日本書紀』はかかる宮廷伝承を取り入れながらも、それ以外に材料を収集して編纂されている。その記述には後世の知識によって潤色された部分もあるが、注意深くそれらを分析することで、ある程度原典に近づくことは可能ではないかと思う。そして、それらを『記紀』の宮廷伝承と比較することで、宮廷伝承の史料的価値を確かめる術も出てくるように思うのである。

たとえば、神功皇后（以下、天皇・皇后号を略す）の海外遠征については、『記紀』とも一種荒唐無稽な宮廷伝承を記すが、一方で『日本書紀』は百済との国交開始と大和政権の外征を記した実録風の記載を、神功紀の後半に記している。かつて私は、この実録風の記事は本来神功紀の首部に置かれるべきものであって、実は宮廷伝承と同一の事情を述べていると考えた（拙稿「応神朝にいたる歴史過程」『日本古代社会の史的展開』）。つまり、百済との国交開始と外征が伝説化して、神功の宮廷伝承となったのであろうというのである。このように考えると、『日本書紀』が別個の事実のように、年代を別けて記載しているもののなかにも、実は同一事情の異伝とみなせるものがあるように思われる。

その一例がヤマトタケルの伝承である。『古事記』ではタケルは景行朝に、九州の熊襲、出雲そして東国を征服したことになっている。その方法たるやまったくお伽話の如きものであって、史実とは言いがたい。一方、『日本書紀』にはタケルの遠征として、九州と東国は記すが出雲を記さず、九州についてもタケル以外に景行自身の遠征記事が大半を占めている。これをいかに考えるべきであろうか。

まず出雲については、『日本書紀』崇神六〇年七月己酉条（以下『日本書紀』については〇〇紀、『古事記』については〇〇記と記す）に、出雲大神の神宝を出雲飯入根《いいいりね》が大和に献上し、出雲ではそのことをめぐって出雲振《ふる》根《ね》と飯入根との間に争いがおこって、飯入根が振根に謀殺されるという事件がおこり、大和政権はこれに介入し、振根を誅殺したとみえる。蓋し、神宝の献上すなわち大和政権への対応をめぐっての内紛であろう。これが出雲の服属に関する記述であって、『日本書紀』編者は時期も異なっているタケル伝説ではなく、そちらを採用したのである。ただ、タケル伝説でタケルがイヅモタケルを謀殺した手段というのが、出雲で飯入根が振根に謀殺された時のものと同じであるから、両者は何らかの関係があるらしい。おそらく、本来崇神朝の出来事であった出雲の服属が、宮廷のなかで英雄ヤマトタケルの事蹟として物語化され、その過程で振根による飯入根の謀殺手段がヤマトタケルのとった行動として取り込まれたのであろう。

また九州遠征については、景行の遠征記事と同様の記述が九州の風土記に散見することからみて、景行の遠征は九州で伝えられていたことが明らかである。風土記が直接『日本書紀』の材料になったとはいえないが、坂本太郎がいうように両者は兄弟関係なのであって、『日本書紀』は九州の地方伝承を採用したのである（坂本太郎『大化改新』）。ここで、ヤマトタケルの物語が英雄の冒険譚のようなお話なのに対して、景行の遠征が土地と結びつき、しかもかなりリアルな殺戮などが語られていることが重要である。この両者の相違は、ヤマトタケルのお伽話が侵略した側の伝説であるのに対して、景行の遠征記事は侵略された側で語り伝えられたものであることに由来すると私は思う。そのように考えれば、景行朝の九州遠征は、ヤマトタケルの伝説を捨て、景行の遠征を取るべきである。タケルの伝説はこれまた景行の遠征が英雄タケルの活動として宮廷で作り上げられたものであったのである。

それに対して、東国遠征は『日本書紀』でもタケルの事蹟として伝えられている。ここで注目すべきが、『常陸国風土記』（総説）に「倭武天皇、東の夷の国を巡狩りて、新治《にいはり》県に幸過《いでま》しし時、遣はしし国造、比那良珠命《ひならすのみこと》」とあるように、現地でもヤマトタケルにまつわる伝承が語り伝えられていたらしいことである。タケルの遠征の順路については『古事記』よりも『日本書紀』が詳しいが、そのなかに常陸国が含まれている。おそらく『日本書紀』編者は常陸でタケルの遠征が伝えられているのに鑑みて、常陸を遠征地に加えたのであろう。『日本書紀』が地方伝承を参照しているこれまた一例である。『日本書紀』は常陸以外にも遠征地の国名を記しているが、それらの国にもタケルの伝承が分布していたのであろう。このように考えれば、東国についてはヤマトタケルすなわち景行の皇子、小碓《おうす》命による遠征は肯定的に捉えてよいと思われる。そして、東国遠征という事実があったればこそ、彼は一代の英雄として九州や出雲征服の主人公としても宮廷で語り継がれていったのである。勿論、私は焼津や走水での遭難や火焼の老人との問答などまで史実だと主張するわけではない。だが、すくなくともそれらの伝説のもととなった小碓命の東国遠征は史実として捉えてよいと思うのである。

二　大和政権による地方支配の諸段階

大和政権の版図つまり支配地域は、常識的に見て、奈良盆地の一角から盆地全体やがて「畿内」からその周辺へと拡大し、ついには列島「全土」に及んだと思われる。そのような大和政権による版図の拡大について、まず問題としなくてはならないのが、いわゆる四道将軍の派遣である。

この将軍たちによる四方の平定は、『日本書紀』では崇神紀一〇年九月甲子条に「大彦命を以て北陸に遣し、武渟川別《たけぬなかわわけ》を東海に遣し、吉備津彦《きびつひこ》を西道に遣し、丹波道主《たんばのみちぬし》命を丹波に遣《つかわ》したまふ」と見える。同様のことを『古事記』では、崇神記に「大毘古《おおひこ》命は高志道に遣し、その子建沼河別《たけぬなかわわけ》命は東方十二道に遣して、その服《まつろ》はぬ人どもを和平さしめ、また日子坐《ひこいます》王を旦波《たんば》国に遣して玖賀耳《くがみみ》の御笠《みかさ》を殺らしめたまひき」とあり、さらに「大毘古命は（略）高志《こし》国に罷り行でましき。ここに東方より遣しし建沼河別、その父大毘古と共に、相津に往き遇ひき」という伝承が付加されており、相津は東北の会津のことだという。

このように『古事記』は崇神朝に派遣されたのは三人で、西道にかんしては孝霊記に「大吉備津日子命《おおきびつひこのみこと》と若建吉備津日子命《わかたけきびつひこのみこと》は二柱相副《そ》はして、針間氷河前に忌瓮《いわいべ》を居て、針間《はりま》を道口として、吉備国を言向《ことむ》け和《やわ》したまひき」と述べられている。ここで「針間を道口として、吉備国を言向け和したまひき」とあるのが、吉備を平定した際に播磨が前進基地となったと受け取れるので、それまでに播磨はすでに大和政権に服属していたようである。それに関して『播磨風土記』(飾磨郡)では、「飾磨と号《なづ》くる所以は、大三間津日子命《おおみまつひこのみこと》(孝昭)、この処に屋形を造りて坐しき」とあるので、あるいは孝昭朝には大和政権下に属していた如くである。

『記紀』の間で所伝にいくらかの相違があり、それを整合的に説明するのはいまの私にはやや困難であると告白しなくてはならないが、いずれにしても崇神朝ごろに大和政権が周辺地域に進出していったことは伝えられていたのである。

このうち、具体的な派遣先がわかるのは、日子坐王ないしは丹波道主命の事蹟とされている丹波である。丹波道主命は日子坐王の子であるが、これに関しては、丹波道主命が丹波の女性と結婚し、その娘が丹波から垂仁の后に迎えられているなど、丹波に居住したことが確かなので、日子坐王ないしは丹波道主命が丹波を平定したのは、おそらく史実とみてよかろう。

また西方の平定については時期が二説あって判然としないが、『古事記』にみえる大吉備津日子命と若建吉備津日子命の吉備平定について、『備中国風土記』逸文(賀夜郡、宮瀬川)に「河の西に吉備建日子命の宮を造りき」とみえ、備中にその伝承があったらしいので、このあたりまでは進出していたと考えられる。

なお、その経緯は前節で述べたが、さらに崇神朝の間に出雲が大和政権の支配下に入る。そして、つぎの垂仁朝に出雲と丹波に挟まれた但馬が服属する。垂仁紀八八年七月戊午条に、アメノヒボコのもたらした神宝をヒボコの曾孫、清彦《きよひこ》に奉らせたとみえるのがそれである。丹波と出雲そして播磨や吉備が大和政権下に服属した段階では、但馬の孤立は免れず、その服属の時期はすこぶる蓋然性が高い。以上からみると、大和政権の西方への進出については、その伝えに破綻は認められないのである。

　それに対して、東国や北陸については漠然としてよくわからない。そこで傍証を集めてみると、四道将軍派遣のあとにその成果らしき記事がみえるのが注目される。まず、東国については、崇神紀四八年正月戊子条には「豊城《とよき》命を以て東国を治めしむ。是れ上毛野君、下毛野君の始祖」という記事がみえる。その東国の範囲は不明だが、この記事を額面どおりとれば、この時に上毛野、下毛野が支配下にはいったかのようにみえる。

　しかし、垂仁紀五年一〇月朔条に一括されている狭穂彦《さほひこ》の反乱伝承では、上毛野君の遠祖八綱田《やつなだ》が「近県の卒」を率いて狭穂彦を攻撃しており、この時点では上毛野君の祖はまだ中央に居たらしい。さらに景行紀五五年条には、豊城命の孫、彦狭嶋《ひこさしま》王を「東山道十五国の都督」に任命したという記事があり、しかも彦狭嶋王は春日《かすが》の穴《あな》咋《くい》邑で死去したので、東国の百姓がその屍を盗んで上野国に葬ったとある。これをみるに、豊城命の孫の彦狭嶋王になっても上毛野、下毛野はおろか東国にも赴任していないことが明らかである。したがって、崇神紀四八年の豊城命による東国統治は信を置きがたく、豊城命の子孫がのちに上毛野君、下毛野君となったことから遡及した記述であると判断できるのである。このようにみれば、四道将軍時の東国平定は地域的にかなり限定されたものであったことがうかがえるわけである。

　つぎに北陸については、垂仁紀二年是歳条に、一に云くとして「御間城《みまき》天皇の世に、額に角有る人、一の船に乗りて越国の笥飯《けひい》浦に泊れり。故れ其処を号けて角鹿《つぬが》と曰ふ」とみえるが、これはこの時期に敦賀が版図に入ったことを示すものであろう。崇神紀六五年七月条に「任那《みまな》国、蘇那曷叱知《そなかしち》を遣わして朝貢す」という記事も、もし事実だとすれば敦賀などの日本海ルートを想定すべきであろう。このように、北陸については敦賀あたりまでは崇神朝に大和政権の支配下に入ったらしいが、それ以上のことはわからないのである。

そこでつぎに、景行朝のヤマトタケルの東征をみることから大和政権の東国と北陸での支配の拡大を考え、ついで崇神朝での支配領域を想定したい。

まず『日本書紀』景行紀四〇年条では、そのルートは大和→伊勢→駿河→相模→上総→陸奥・日高見《ひたかみ》（蝦夷を平定）→常陸→甲斐→武蔵→上野→碓日《うすい》坂→信濃――→（信濃の坂）→美濃→尾張と辿られ、駿河から「賊」に出会うことになっている。つぎに『古事記』では、大和から伊勢、尾張に至り、そこから「東国に幸でまして山河の荒ぶる神及は伏はぬ人どもを悉に言向け平和したまひき」とあり、相武《さがみ》から走水《はしりみず》を経て「蝦夷どもを言向けて帰還」し足柄坂から甲斐、科野《しなの》そして科野の坂を経て尾張に帰ってと記されている。いずれも、伊勢、尾張を大和政権の領域とし、それより東をまつろわぬ者の土地とする認識である。

なお美濃に関しては、景行紀四年二月甲子条に、景行天皇が行幸して八坂入彦《やさかいりひこ》皇子の娘、八坂入媛と婚姻するという話が見え、また同年同月是月条には美濃国造神骨《かむほね》の娘、兄遠子《えとおこ》、弟遠子《おととおこ》を大碓《おおうす》命を遣わして視察させたという記事がある。両者はあるいは同根の伝説であったかも知れないが、さらに、景行紀四〇年七月戊戌条の大碓皇子を美濃に封じ、身毛津《むげつ》君・守《もり》君の始祖となったという記事とも照らし合わせて、いずれにしても、すでに大和政権の版図に含まれていたようである。

つぎに北陸方面については、『日本書紀』によれば、吉備武彦が碓日坂から別れて越へ向かい、美濃でタケルと合流している。越から美濃へ向かうルートとしては越中から神通川に沿って飛騨から美濃へ至るものと、越前から九頭竜川に沿って美濃に至るものが想定される。前者とすれば越の平定は越後から越中にかけてのものと思われ、後者とすればそれは越前まで至ったことになろう。逆にいえば、前者ならばそれまでの大和政権の版図は越中付近まで及んでいたことになり、後者とすれば越前あたりに止まっていたことになる。いずれにしても崇神朝段階で越後まで勢力が及んでいたとは考えられないのである。しかし、どちらをとっても敦賀には及んでいたのであって、先に見た垂仁紀二年是歳条の記載とこれまた符合するのである。

以上からみて、景行朝当初には大和政権の勢力範囲は、西は出雲・吉備、東は角鹿・美濃・尾張のラインであったと思われる。この範囲は、垂仁紀二五年三月丙申条にみえる倭姫命の巡行が菟田《うだ》、近江、美濃、伊勢を通っていることと符合しており、さらに、垂仁朝のこととされるホムツワケ王説話の鵠の飛行範囲をもほぼカバーしている。それは、垂仁記では、大和から木《き》国→針間《はりま》国→稲羽《いなば》国→旦波《たんば》国・多遅麻《たじま》国→近淡海《ちかつおうみ》国→三野《みの》国→尾張国→科野《しなの》国→高志《こし》国→和那美《わなみ》水門を巡ったとされ、また垂仁紀二三年一〇月壬申条では「時に湯河板挙《ゆかわたな》遠く鵠《くぐい》の飛びゆきし方を望みて、追い尋《つ》ぎて出雲国に詣《いた》りて捕獲《とらえ》つ。或は曰く但馬国に得たりと」と記されている。

私は、この角鹿・美濃・尾張の範囲を、四道将軍時に征服された東国にほぼ相当すると見倣してよいと思う。いずれにしても、会津まで及んだとはとうてい考えられないが、ここでいう相津を垂仁記にみえる「尾張の相津」とすれば整合性をもつことは注目すべきであろう。このエリアをさらに拡大したのが、景行朝の征服事業であったわけで、この時点で、のちの古代国家の支配領域のうち北部九州を除く地域はほぼ大和政権の支配下に入ったこととなる。なお、四国については明証を欠くが、おそらくそのころには服属していたとみて大過なかろう。そして、大和政権が残された北部九州を征服して列島主要部を統一したのは、四世紀後半に当たる神功朝の北部九州征服終了の時点であろう（拙稿「応神朝にいたる歴史過程」）。

なお、大和政権の地方征服には二通りの方法がとられたらしい。まず一つが、武力を背景にしたとは予想できるものの、それを表面には出さず、地域で信奉されている呪物を接収するという形での征服である。先にみた神宝を献上した出雲地方や但馬地方の場合が代表的な例であり、九州の豪族のなかにも呪物を献上して大和政権に服属を誓う例がある。そしていま一つは、武力を発動させた征服の形態であり、その代表的なものが、景行紀や神功紀にみえる九州地方の征服である。ヤマトタケルの物語なども、武力征服をうかがわせるものであろう。その二つのあり方には地域差や時期差が認められ、論じるべきこともあるが、いまは深くは触れないでおきたい。

さて、以上の考察から、大和政権の地方支配についてはつぎの諸段階が想定される。まず第一段階は垂仁朝までの時期である。この時大和政権の版図は、畿内周辺から西は出雲・吉備、東は角鹿・美濃・尾張のラインに達した。第二段階は景行朝以後神功朝までの時期で、この時に東国、九州という辺境地域に勢力が及んだ。第三段階は神功・応神朝以後で、列島主要部の統一が完成した後、大和政権は朝鮮半島南部への干渉をおこない、それは六世紀半ばの欽明朝まで継続するのである。

これらの実年代を推定するのは容易ではないが、私は第二段階の最末期、仲哀の死去を三六六年頃と考えている（拙稿「応神朝にいたる歴史過程」）。これを基準にしてみると、景行は仲哀の祖父であるからその治世はどう見積もっても百年以上の開きはむつかしい。したがって、景行の治世は三世紀の半ばにさかのぼることはないと思われる。そこから考えるとその前の崇神・垂仁朝もせいぜい景行の治世の数十年前と思われ、崇神朝は三世紀の前半ごろと押さえられると思う。以上は推測の域を出ないが、まず大きな開きはないであろう。従来から言われているように、崇神朝はほぼ邪馬台国の時代と平行するのであって、この時期大和政権の勢力はまだ九州には及んでいない。したがって邪馬台国は畿内にはあり得ず、その時期の中国史料にみえる倭国とは北部九州一体の政治的なまとまりを指す言葉であることは明らかである。ただし、崇神朝以降の大和政権は敦賀を外港として大陸と交渉をもった可能性があり、大陸の文物がもたらされていても不思議ではないのである。なお、景行、成務、仲哀がともに近江に遷都したことについて、すでに中村直勝は「琵琶湖から角賀に水路によつて抜け、そこから海軍を朝鮮に出す為」だと述べている（『通説日本上代史』）。朝鮮出兵との結び付けるのはともかく、敦賀の外港としての役割に着目した見解にはしたがうべきであろう。

三　大和政権の地方支配

それでは、このように拡大した支配地域を大和政権はどのように統治したのであろうか。それには国造制や屯倉制、部民制など重要な問題をはらんでいるが、本稿ではそのような制度史上の問題には触れず、『記紀』から具体的な様相をいくつか拾うにとどめ、詳しい考察は後日を期したい。

まず、出雲の出雲臣の例でもうかがえるが、服属した地方の首長はその地位を保証され、地域支配を委ねられたらしい。そして、日向の諸県君（応神紀一三年九月条の一云）のように中央に出仕することもあったようである。

しかし、すべての地方首長が大和政権に服属したわけではないし、武力征服もおこなわれた。それらの地域はどのようにして統治されたのであろうか。その統治方法として注目されるのが、王族封建という方法である。この方法は景行紀四年条に、天皇の「七十余の子は皆国郡に封して各其の国に如かしめたまひき。故、今の時に当りて諸国の別と謂ふは、即ち其の別王の苗裔なり」とみえる。景行の七十余人の子どもが諸国に封じられたなど容易に信じがたいが、これを景行の皇子に限定せず、王族の派遣と考えれば、史料的に生かすことができると思われる。景行朝に王族が地方に派遣された可能性は、先にあげた景行紀四〇年条の大碓命を美濃に封じた記事や、同じく景行紀五五年条の彦狭嶋王を「東山道十五国の都督」に任命した記事、彦狭嶋王が亡くなったのでその子の御諸別王に東国を治めさせたという翌五六年条の記事からみて否定できないのではなかろうか。

じつは、王族による統治は、畿内やその周辺ではそれ以前からおこなわれていたらしい。たとえば、崇神記に丹波へ遣わされたという日子坐王の子どもが丹波道主王で、彼は丹波の川上之摩須郎女《かわかみのますのいらつめ》を娶《みと》り、ヒバスヒメをはじめ五人の娘を生んだが、彼女らが丹波から召されて垂仁の后となったという。したがって、丹波道主王は丹波に土着していたことは明らかなのである。また『新撰姓氏録』にも垂仁の皇子である息速別命《おきはやわけ》が伊賀に封ぜられたという記事がみえる。景行朝における王族の地方派遣は、かかる統治方法を全国的に拡大したということである。

このようにみてくれば、大和政権が版図を飛躍的に拡大し、北部九州を除いてのちの古代国家の版図をほぼ統一した景行朝という時代に、王族を地方に封じたというのはけっして不自然ではない。そして、さらにつぎの成務朝には国造・県主の制度が整えられた。国造については、その成立を六世紀頃まで下げる見解が一般的だが、私はそれらの論拠はさほど強固なものではなく、成務朝に成立したとみて不都合はないと論じたことがある（拙稿「国県制の成立」『日本書紀研究』21）。景行朝の王族の地方派遣をうけて、さらに地方支配を制度的に充実させたのであろう。このようにみて初めて、版図の拡大と地方支配の確立が整合的に理解できると思われる。

では具体的に大和政権は被征服地にたいしてどのような扱いをとったのか。この問題は律令国家の租税制度などから遡及して検討するのが通常だが、ここではあえて『記紀』などから事例を拾ってみたい。そこにみえるのは、地方から人的、物的資源が中央に献上された例である。

まず、物的資源の献上としては、後世の『出雲国造神賀詞』にうかがえるものもあるが、いま考察の対象としている時期のこととしては、『肥前国風土記』（養父郡鳥巣郷）に、応神朝のこととして「鳥屋をこの郷に造り雑の鳥を取り聚めて養ひ馴して朝廷に貢上りき」とあるぐらいで、具体的なことはあまりわからない。

それに対して人的資源としては、たとえば、垂仁紀七年七月乙亥条に、倭直祖長尾市《やまとのあたいきながおいち》を遣して出雲から野見宿禰《のみのすくね》を召すことがみえ、また垂仁紀三二年七月条には、その野見宿禰が使者を遣して出雲から土部《はじべ》百人を喚《め》し、彼自ら土部を領して埴輪を作ったことがみえる。さらに、景行紀二七年一二月壬子条には、日本武尊が葛城の人宮戸彦を遣して美濃国から弟彦公《おとひこきみ》を喚し、弟彦公が尾張の田子稲置《たごのいなぎ》、乳近稲置《ちちか》らを率いて来たと記されている。これなどは、地方から人材を集めた記録といえるが、ここで注目したいのが、いずれも使者を派遣して人物を召喚していることで、臨時的な感が否めず、いまだ制度化されていないように思われる。

ところで、先にあげた景行紀二七年一二月壬子条からみると、日本武尊の遠征軍に美濃や尾張の人々が動員されていたらしい。つまり、人的資源の徴発は軍事的目的による場合があり、彼らは大和政権の遠征軍に組み込まれたのである。さらに『常陸国風土記』（行方郡、田里）には、神功朝のこととして「此の地に人あり。名を古都《こつ》比古《ひこ》といひき。三度、韓国に遣はされしかば、この功労を重みして田を賜ひき」とみえ、神功紀四十七年条には、新羅に遣わされた千熊長彦《ちくまながひこ》に注して「一に云ふ、武蔵人」と記し、同じく神功紀四九年三月条に朝鮮出兵の将軍とみえる荒田別《あらたわけ》・鹿我別《かがわけ》が、応神紀一五年八月丁卯条では「上毛野君の祖荒田別《あらたわけ》・巫 別《かんなぎわけ》」として出てくる。これらをみるに、神功朝の朝鮮出兵に東国人が従軍したことがわかるが、私見では神功朝の朝鮮出兵は仲哀朝の九州遠征に引き続く行動であったと思うので、やはり九州への軍事行動に東国人が動員されているわけである。

これだけの史料で多くを述べるのは危険だが、景行紀にみえる美濃や尾張が崇神朝の服属地であり、神功紀の東国が景行朝の征服地であるらしいことからみて、大和政権は新たに獲得した地域の人々を、つぎなる遠征に動員したとはいえるかも知れない。さらに注目されるのは、神功朝の朝鮮出兵に上毛野君の祖が将軍として従軍しているいることである。これはおそらく国造クラスの人物であって、いわゆる国造軍につながる軍事動員がなされている可能性がある。ただ、上毛野君は先にみたように豊城命の子孫で中央から封じられた支配者であって、国造クラスの者が動員されていてもたんに地方豪族が従軍したということではない。国造が地方に根づいて地方豪族となってしまった段階ならいざ知らず、初期の国造は、中央起源の地方支配者であって、彼らを通じて大和政権は地方に支配を貫徹し、人的・物的な動員をおこなったのであろう。したがって、私は国造やのちの郡司クラスの地方豪族を、在地から生い育って来た首長と簡単には見做せないと思うのである。

おわりに

以上、主に『記紀』を用いて、大和政権の支配の拡大をあとづけてみた。本当に簡単なアウトラインに終始し、細部にわたってはなお考察をすすめる必要をおぼえるが、それらはみな後日を期したいと思う。

論をすすめてきて気掛かりなのは、北部九州すなわち倭国と大和政権との著しい相違である。倭国は魏志倭人伝にみえるように三世紀の前半、倭国王卑弥呼を戴きながらも、実質的には小国家の集まりであった。そのような状態は、景行や仲哀の遠征まで続いていたらしい。つまり倭国はすくなくとも三世紀前半から四世紀半ばまで、統一化の動きがなかったということになる。この相違は何に由来するのであろうか。

まず考えられるのは、大和政権の性格である。私は大和政権が奈良盆地の農業共同体のなかから生まれてきたとは思っていない。それは九州からの征服によって形成されたのである。その論証は他日に譲るが、征服者によって生まれたということが大和政権、ないし大和王権の性格を規定しているといえないであろうか。

さらに視野を広げて考えてみると、朝鮮半島でもその南部の加羅地方が、北部九州同様に小国家群のまま残されていることに気づく。つまり対馬海峡を挟んだ二つの地域が、小国家の集まりとして残るのである。私は密かにこの地域を、ギリシャ半島やエーゲ海沿岸のポリス群に見立て、大和政権や新羅、百済などをマケドニアやローマ、あるいはペルシャに対応させては如何かと妄想している。そして、この地域に強力な統一王権が形成されなかったという問題を解く鍵は海上交易、商業にあると、これまた密かに思っているのであるが、ここではそれを白状するにとどめたい。

四世紀以降の極東の古代史は、この対馬海峡を挟んだ二つの地域に広がる小国家地域をその周囲に形成された統一王国が蚕食していく歴史でもある。いち早く九州地方を手に入れた大和政権が、つぎに海峡を越えて朝鮮半島南部へ進出していくことは、そのような動向からみれば決して不自然なことではない。大和政権は初期の百数十年の間は列島内で征服事業をすすめ、その後は約二〇〇年にわたる対外的な軍事緊張下にあったと私は考えている。勿論、四世紀半ば以降、大和政権は国内的には平和を達成したが、長期の対外的緊張が政権の性格をいかに規定したかは以後考えていかねばならない課題であろう。本研究集会で西谷地晴美氏は律令国家が帝国の容貌をもつことに留意された。この問題については討論でも深く論じられなかったが、私は律令国家以前の段階で大和国家は実質的に帝国だったのであり、律令国家はその実が失われたあと、なおもその名を求めたものととらえることができると思う。

最後に、自分でいうのもなんだが、本コメントはさして奇矯なことを述べているわけではない。したがって、あるいはすでに先学によって究められたことをあげつらっているに過ぎない気がする。もしそうであるなら、非才の成せるわざ、ご寛容を乞う次第である。本コメントが、本書に収められた他の論文、コメント、討論とともに、古代史に関する建設的な議論をすすめていく契機となれば幸である。

〔付記〕 文中の引用文は、坂本太郎他校注『日本書紀』岩波文庫、武田祐吉訳注『古事記』角川文庫、武田祐吉編『風土記』岩波文庫に拠る。

中国史	西暦		¹⁴C韓国	韓国・中南部		九州北部		¹⁴C較正日本
	前2000			櫛目文土器後期	櫛目文土器	縄文後期	南福寺	前2000
	前1500						西平	南溝手・籾痕土器
							三万田	
							御領	
			水佳里Ⅲ 3130±yBP				広田	
			2900±50BP 2850±BP	早期	突帯文土器	晩期	黒川古	前1200
				前期	孔列文 先松菊里式		黒川新	
殷滅亡(前1027)	前1000					早期	山の寺・夜臼Ⅰ	(前1000)
							夜臼Ⅱa	前900
				無文土器中期	松菊里式	弥生前期	夜臼Ⅱb・板付Ⅰa式共伴期	前800
春秋(前770)							板付Ⅰb式	(前700)
							板付Ⅱa	(前600)
							板付Ⅱb	
越滅亡(前494) 戦国(前476)	前500			後期	粘土紐		板付Ⅱc	(前500)
								(前400)
燕の東方進出(前312～279)	前300					中期	城ノ越	
秦(前221)								
衛満朝鮮建国(前190)	前200						須玖Ⅰ式	(前200)
楽浪郡設置(前108)					粘土帯			(前100)
							須玖Ⅱ式	前80-40 池上=曽根

（『国立歴史民俗博物館国際研究集会2003　弥生時代の実年代』国立歴史民俗博物館、2003年）

関連遺跡の概説

松菊里遺跡（そんぐんに）　**韓国忠清南道扶餘郡草村面松菊里**

朝鮮半島西南部、黄海を臨む丘陵に位置する無文土器文化の集落・墳墓遺跡。無文土器時代中期の土器、松菊里式土器の標式となった遺跡で、青銅器の豊富な出土でも著名である。住居址からは約四〇〇gの炭化米が検出され、炭素一四年代測定法によってB.C.八〇〇年からB.C.五〇〇年の年代が与えられている。ここから無文土器文化時代中期にすでに水田稲作がおこなわれていたことが判明した。

夜臼遺跡（ゆうす）　**福岡県糟屋郡新宮町上ノ府高松**

福岡平野の東端、立花山北麓からのびる台地上に立地。縄文時代晩期から弥生時代前期の集落跡。それまで発見例の少なかった弥生早期の土器、夜臼式土器が大量に出土。口縁部と胴部に刻目突帯をほどこす甕が夜臼式土器の標式とされた。包含層からは、弥生前期の板付Ⅰ式土器にともなって夜臼式土器の小片が出土し、両者の共存の可能性が指摘された。後におこなわれた板付遺跡の調査でその共伴関係はさらに明確なものとなった。

板付遺跡（いたづけ）　**福岡県福岡市博多区板付**

博多湾に注ぐ御笠川中流域に営まれた弥生前期から中期にかけての複合遺跡。台地上からは東西八〇m、南北一一〇mの環濠に囲まれた集落、沖積地からは水田跡が検出された。水田跡から出土した土器は、板付Ⅰ・Ⅱa・Ⅱb・Ⅱc式と分類され、弥生前期の板付式土器の標式とされている。さらに遺跡の下層から夜臼式土器をともなう水田が確認された。弥生早期に完成度の高い灌漑水田が営まれていたことが明らかになった。

雀居遺跡（ささい）　福岡県福岡市博多区

御笠川右岸の沖積微高地に位置した、縄文晩期から古墳時代にかけての集落遺跡。弥生時代の遺構・遺物が特に充実していて、集落にともなう環濠から出土した木製品数点について年輪年代測定が実施された。その一つの刳抜式槽は、伐採年がA.D.一三三年と判定され、二世紀中頃に環濠の存続期間の一点があるとみなされている。

須玖・岡本遺跡（すぐ・おかもと）　福岡県春日市

福岡平野に突出した丘陵先端に位置。弥生時代の甕棺墓群を中心とした遺跡で、一九二九年の梅原末治氏による調査以来、数次にわたる調査が実施され、甕棺からは多数の青銅製品やガラス製品が出土。周辺からは生産遺跡の存在も確認され、須玖遺跡の一帯は「奴国」の中心と想定されている。調査開始当初、弥生中期に位置づけられた「須玖式土器」は、今日もなお中期の代表的な土器型式となっている。

菜畑遺跡（なばたけ）　佐賀県唐津市菜畑松円寺

唐津平野西端の扇状地に位置。縄文晩期から弥生中期にかけての集落・水田遺跡。発掘当時は縄文晩期の水田跡とされたが、その後弥生早期から前期にかけてのものと訂正された。遺跡からは炭化米や土器、石器、農耕具のほか、磨製石剣などが出土。発掘調査された水田は、板付遺跡と同じく水路や堰をともなった高度なものであった。

山ノ寺遺跡（やまのてら）　長崎県南高木部郡深江町

縄文土器と弥生土器の接点を追求しようとの目的で、一九六〇年代に調査された。扇央部に立地した集落遺跡で、山ノ寺式土器の標式遺跡。口縁部と胴部に刻目突帯をもった夜臼式土器と同様の特徴がみられ、森貞次郎氏によって、山ノ寺式土器が提唱された。網目・籠目等の組織痕や、稲籾圧痕の土器も確認されたことで、縄文晩期の水田稲作開始論に一石を投じたが、今日では弥生草創期の遺跡と認識されている。

黒川遺跡（くろかわ）　鹿児島県日置郡吹上町

二俣川が侵食した断崖に開口する洞穴遺跡で、縄文時代の全時期を通じて営まれた。一九五二年に河口貞徳氏により調査され、一九六〇年代には三回の調査を実施。縄文時代全時期の土器型式が出土したが、九州に広く分布する御領式土器に続く新型式として黒川式土器が設定されたことで知られる。当時九州では不明瞭だった縄文時代晩期の土器を提示した標式遺跡。

東武庫遺跡（ひがしむこ）　兵庫県尼崎市武庫元町

西摂平野の西側、武庫川によって形成された沖積平野に位置する弥生前期から中期にかけての埋葬遺跡。方形周溝墓が二二基検出された。なかでも弥生前期中ごろに遡る方形周溝墓は類例が少なく、貴重な例としてよく知られる。木棺材（ヒノキ）が良好に残存していて、年輪年代測定法で、Ｂ．Ｃ．四四五年に伐採されたと測定された。

池上曽根遺跡（いけがみそね）　大阪府和泉市池上町・泉大津市曽根町

大阪湾を臨む低段丘上に位置する弥生前期から後期の集落遺跡。直径約三〇〇ｍの環濠の内外には住居、井戸、貯蔵穴、方形周溝墓などが確認されている。弥生中期後半に建てられた約一三三㎡の巨大建物は、弥生神殿論争の嚆矢となったが、その柱材が年輪年代測定法でＢ．Ｃ．五二年の伐採と判明した。近畿における弥生土器編年の一点に、実年代が与えられたことで著名。

小阪遺跡（こさか）　大阪府堺市

後期旧石器から近世にいたる複合遺跡。延長約一㎞にもおよぶ広範囲の調査が実施され、地形変遷を辿るうえで豊富な情報をもたらす遺跡。古墳時代の集落関係の遺構密度が高く、遺物も充実している。弥生時代の遺構は多くはないが、船橋式土器や長原式土器が出土していて、縄文晩期から弥生前期にかけての土器様相がよくわかる。

長原遺跡（ながはら）

大阪府大阪市平野区長吉・出戸・六反・長原・長原東・川辺

大阪湾から東へ約10㎞、河内台地東縁に位置する旧石器から中世の複合遺跡であり、且つ縄文晩期の長原式土器の標式遺跡。遺跡の中心は縄文晩期の住居跡や土器棺墓群で、石器、石棒、土偶のほか、稲籾も見つかっている。大陸系磨製石器や弥生土器はまだ定着していない。縄文晩期の遺跡としては畿内有数の規模をもつ。

（宮元香織・矢持久民枝）

編集後記

もし人に強者に抗い弱者を慈しむ心がなければ、弱肉強食だけが人間社会のルールであれば、人は今日のような文明社会を築き上げることができただろうか。できなかった。なぜならば、弱肉強食の論理が完全に貫徹する社会では弱者には安定した生存の基盤が与えられないから、物理的弱者のもつ多様な能力は発揮されないまま、葬り去られてしまうからである。それではそもそも分業が成立しないからである。

あるいはまた、もし人に物事を抽象化し、異質で多様なものに同質性を与え、交換可能な状態におく能力が備わっていなければ、人は今日のような文明社会を築き上げることができただろうか。それも答えは否である。それでも分業は成り立たないからである。交換されない能力は、人の社会にとっては無意味だからである。だとすれば、人が人としての歴史を刻み始める段階で——動物としての歴史から離陸する段階で——、既に人には仁愛のモラルが備わり、相当に高度な言語操作能力と「貨幣」創出能力が備わっていたことになる。

そこに人の歴史を未開・野蛮から説き起こしてはならない理由が存している。では人の歴史はどう描けばいいかのか。そのことの模索の小さな一歩が実は本書なのである。したがって本書は試行錯誤に満ちている。時として議論が錯綜し、あちらこちらに飛びすぎているきらいさえある。しかし何か巨大な課題に取り組むときの小さな一歩とは、往々にしてそのようなものである。

本書が、人の歴史をより豊かに、そしてよりシリアスに描くための大きな一歩の第一歩になることを祈り、世におくる。大方のご批判を賜れば幸いである。

なお本書作成にあたっては、ゆまに書房編集者の吉田えり子さんと宮里立士さんの心からの御協力を得た。感謝の意をあらわしておきたい。

二〇〇三年九月

小路田　泰直

シンポジウム参加者（五十音順）

小路田　泰直　奈良女子大学
長山　泰孝　神戸女子大学・大阪大学名誉教授
西村　さとみ　奈良女子大学
西谷地　晴美　奈良女子大学
禰冝田　佳男　文化庁記念物課
広瀬　和雄　奈良女子大学
山　中　章　三重大学
若井　敏明　関西大学（非常勤）

その他の執筆者

宮元　香織　奈良女子大学
矢持　久民枝　奈良女子大学

いさな叢書2

弥生時代千年の問い　―― 古代観の大転換 ――

2003年9月11日　第1版第1刷印刷
2003年9月24日　第1版第1刷発行

編　集　広瀬和雄《ひろせかずお》　小路田泰直《こじたやすなお》
発行者　荒井秀夫
発行所　株式会社　ゆまに書房
〒101-0047　東京都千代田区内神田2-7-6
電話　03-5296-0491　FAX　03-5296-0493
振替　00140-6-63160
組　版　富士リプロ株式会社
印　刷　富士リプロ株式会社
製　本　㈲東文堂製本所

ISBN4-8433-0997-4　C3021　　定価：本体1,500円＋税
落丁・乱丁本はお取り替えいたします。